KB059297

수화로 말해요

수화로 말해요(手話で いこう)

2009년 8월 14일 초판 1쇄 펴냄
2021년 11월 25일 2판 2쇄 펴냄

펴낸곳 (주)도서출판 삼인

지은이 아키야마 나미 · 가메이 노부다카
옮긴이 서혜영
펴낸이 신길순

등록 1996.9.16. 제 25100-2012-000046호
주소 03716 서울시 서대문구 성산로 312, 북산빌딩 1층
전화 (02) 322-1845
팩스 (02) 322-1846
E-MAIL saminbooks@naver.com

표지디자인 (주)끄레어소시에이츠
제판 문형사
인쇄 수이북스
제책 은정제책

ISBN 978-89-6436-128-3 03300

값 13,000원

농인 아내, 청인 남편이 살아가는 이야기

수화로 말해요

 아키야마 나미 · 가메이 노부다카

서혜영 옮김

삼인

추천하는 말

이 책은 세상의 수많은 언어 중 유일하게 하늘에다 그림을 그려야만 언어가 되는 수화를 사용하는 농인 아내와 청인 남편의 일상적인 이야기를 담고 있습니다. 이 부부의 이야기는 우리의 마음에 은물결 흐르듯이 잔잔히 다가오기도 하고 때론 거친 파도 속 풍랑에 휘말린 듯 큰 파문을 일으키기도 합니다.

세상을 살면서 어느 한쪽만을 바라본다는 것은 참된 사랑이 아닐지도 모릅니다. 나라는 존재의 가치와 그라는 존재의 소중함을 동일선상의 저울에 올려두고 이리도 저리도 기울지 않도록 잘 유지하며 서로 어울려 살아가는 것이 진정한 사랑이란 생각을 해봅니다.

이 책은 비록 일본의 농인 이야기지만, 현재 국립 서울농학교에 재직

하면서 20년 넘게 청각장애 아이들의 교육에 몸담고 있는 저에겐 우리 제자들이 굽이굽이 살아온, 살아가야 하는 이야기이기도 하여 더욱 실감나고 감동적으로 느껴집니다.

일선 현장에서 학생들의 진학이나 진로를 상담하면서 특수교육 대상자를 선발한다고 공고한 대학에 "청각장애가 있는데 받아줄 수 있나요?" 하고 물어보면 "소리를 들을 수 있나요?" "말은 알아들을 수 있나요?" 하고 반문하는 대학도 있고, "농인은 말을 알아들을 수 없기에 우리 직장에서 받아줄 수 없답니다. 의사소통이 잘 안 될 것 같아서요!" 하고, 채용을 거절하는 회사도 있습니다. 같은 특수교육 대상자 중에서도 또 다른 차별 아닌 차별을 받아야 되는 이런 모습이 지금 이 시대를 살아가는 우리나라 농인들의 현실이기도 합니다.

물론 이 책의 경우와 같이 남편 될 청인을 데려와 "선생님, 주례 서주세요. 선생님은 수화와 구화 다 같이 되니까 부탁드려요." 그러고선 시간이 흐른 뒤 예쁜 공주님을 낳았다고 찾아와서 고마움의 인사를 하는 제자들이 부쩍 늘었습니다. 아흔이 넘은 연세에 수화를 배우고자 수화교실을 매주 꼬박꼬박 찾아오시는 분들이 계신 것 또한 오늘날 우리의 고마운 현실입니다.

여러 장애 영역 중 청각장애(농)와 관련된 책은 수화 학습 책을 제외

하고는 절대적으로 부족한 우리나라에서 이 책은 특수교육, 특히 청각
장애를 이해하고자 하는 이들에게 농인과 청인 사이의 작은 징검다리
역할을 해줄 것이며 그들의 아픔과 그들의 소중한 언어에 대한 자료를
제공해줄 것입니다.

　세상의 또 다른 한 축에서 소리 내지 못하고 살아가는 농인들이 위축
되지 않고 자신의 언어인 수화로 충분히 의사소통할 수 있는 그날을 기
다립니다. 이 책은 소리를 하늘에다 그려야만 하는, 하늘말 언어인 수화
를 사용하며 살아가는 청각장애를 지닌 이 땅의 제자들에게 힘이 되리
라 믿습니다.

2009년 8월
서울농학교 교사 허노중

한국의 독자들에게

한국의 독자 여러분, 안녕하세요?

고양이가 처음 한국을 방문한 것은 1993년이었다고 기억합니다. 사회인이 되어 5월의 긴 연휴 기간에 직장 친구와 함께 서울에 갔습니다. 식당을 찾는데 한글을 몰라서 아주 힘들었습니다. 어렵게 어렵게 식당을 찾아 들어가긴 했지만, 이번엔 메뉴가 전부 한글이라 읽을 수가 없었습니다. 어쩔 수 없이 옆 테이블을 가리키며 "같은 것을 2인분 주세요" 하고 몸짓으로 주문했는데, 나온 것이 새빨간 라면 두 그릇과 만두가 마흔 개쯤 담긴 큰 접시 하나. "이렇게 많이 주문하지 않았어. 이건 몇 인분이지?" 하면서 태어나서 처음 먹는 매운 라면을 후우후우 입에서 불을 내뿜으며 정신없이 먹었습니다. 참고로, 옆 자리 손님의 만두는 한 접시에 여섯 개 정도였습니다. 한국에서 첫 식사가 된 새빨간 라면과 큰 접시에 산처럼 쌓인 만두가 아직도 머릿속에 선명하게 떠오릅니다.

한편, 거북이가 처음 한국을 방문한 것은 아마 2000년이었을 겁니다. 여름에 친구와 함께 일본의 시모노세키에서 관부 페리를 타고 부산으로 건너가, 거기서 새마을호로 갈아타고 서울로 올라갔습니다. 고양이와 마찬가지로 식당에서 뭐가 뭔지 알 수 없는 메뉴를 옆에 두고 손가락으로 가리켜 주문한 음식을 먹으며 떠듬떠듬 한국어 공부를 시작했던 기억이 납니다. 처음 익힌 말은 "맥주, 주세요"였을 겁니다. 또한, 평상시에 서점을 더없이 사랑하는 거북이는 서울의 대형 서점에도 가봤습니다. 한국어 책은 한 글자도 읽지 못했지만, 출판 문화의 풍요로움에 큰 매력을 느꼈습니다. 물론, 그때는 우리가 쓴 책이 거기 놓일 줄은 상상도 못했는데, 이렇게 한국어판을 내게 되다니 정말 기쁩니다.

그 후, 고양이는 미국의 갤로뎃 대학으로 유학을 가서 거기서 한국인 농인을 만났습니다. 그 사람은 대학원 과정을 마치고 개선장군처럼 한국으로 귀국했고, 고양이는 서울을 다시 방문해 한 기독교 교회에서 그와 재회했습니다. 일요일 아침에 예배에 쓸 꽃을 사러 갈 때 따라 가, 거기서 '꽃'이라는 글자를 익혔습니다. 거리를 걸어갈 때 '꽃'이라는 단어만은 바로 알아볼 수 있게 되었습니다. 그 밖에 그때 서울에 머물면서 '약'이라는 글자도 익혔습니다. 농아인 학교를 견학 가서는 청인이 쓰는 한국어 대응수화의 '~입니다'도 보고 익혔습니다. 한국의 수화를 접하고 나자 비로소 한국어가 조금씩 단어 수준에서 머리에 들어오게 되었습니다.

거북이도 또한, 두 번째 서울 방문에서 많은 농인들과 만났습니다.

고양이가 소개해준 친구들을 만나러 서울의 농인 단체와 수화교실을 찾아가, 밤늦게까지 함께 술을 마시며 돌아다녔습니다. '비빔밥' '만두' '삼계탕' '냉면' '묵' '호떡' '막걸리' '진로' …… 모두, 한국어가 아니라 한국 수화로 익혔습니다. 문화인류학자로서 방문한 곳의 음식을 먹고 말을 배우는 것을 낙으로 알던 저에게, 음식 이름을 한국 수화로 배울 수 있었던 것은 정말 즐거운 체험이었습니다.

《수화로 말해요》는 고양이가 갤로뎃 대학 유학 후 한동안 쉬다가 일본에서 다시 대학에 들어가 공부하던 시절에 썼습니다. 글의 중심은 청인 거북이와 농인 고양이의 생활이 엮어내는 풍경입니다. 지금 일본의 대학에서는 농인에 대한 수강권 보장 제도뿐 아니라, 장애를 지닌 학생 전반에 대한 지원을 내실화하자는 움직임이 있습니다. 대학에 근무하는 거북이도 수업이나 강연을 통하여 수화에 대한 이해를 넓히는 활동을 하고 있습니다. 그러나 수강권 보장 제도를 갖추지 않았거나, 아예 수강권 보장을 하지 않겠다는 대학도 아직 많습니다. 그동안 경제적으로 빠른 발전을 해온 한국에서도 아직은 농인이 대학에서 공부할 때 다양한 벽과 부딪치겠지요.

산 몇 개쯤 넘는 듯한 고난을 극복해내면서 학업을 마친 고양이는 현재 일본에 있는 106개 농학교 가운데 한 곳에서 영어를 가르치고 있습니다. 겨우 몇 년 사이에 인생이 크게 바뀌었습니다. 고양이와 거북이의 생활을 그린 《수화로 말해요》가 이문화(異文化) 이해의 입문서가 되어, 꿈을 품고 나아가고자 하는 한국의 농인과 수화를 배우는 청인이 서로를 이해하는 데 도움이 되었으면 하는 바람입니다.

　한국어판《수화로 말해요》가 책으로 나오게 된 건, 저희와 출판사를 연결해준, 거북이와 대학 시절부터 친구인 후지이 다케시 씨, 번역을 해주신 서혜영 씨의 도움 덕분입니다. 두 분에게 진심으로 감사드립니다.

2009년 여름

고양이(아키야마 나미)

거북이(가메이 노부다카)

고양이

거북이

농인

취미 =
주가 체크

특기 =
아트 플라워

청인

취미 =
슈퍼마켓 가기

특기 =
애플파이 만들기

　이 책은 교토에 사는 우리 두 사람이 사는 모습을 쓴 것이다. 우리는 스스로 아주 평범한(조금 개그 같은) 부부라고 생각하지만, 다른 사람 눈에는 좀 별나 보일 수도 있겠다.

　그렇게 생각하는 이유는 우선 내 아내는 농인이다(25쪽 칼럼(1) 참조). 인구의 99퍼센트 이상이 음성언어를 사용하는 사회에서 수화를 사용하는 부부이니 예외적이랄 수밖에.

또 다른 이유는 남편이 청인(귀가 들리는 사람)이라는 점. 농인끼리의 커플은 드물지 않다. 또 남자가 농인이고 여자가 청인인 커플도 종종 볼 수 있다. 하지만 우리같이 남자가 청인이고 여자가 농인인 경우는 농인·청인 커플 가운데에서도 소수파인 모양이다.

농인과 청인은 여러 가지로 다르다. 소리를 쓰지 않는 사람과 쓰는 사람. 제1언어가 수화인 사람과 음성언어인 사람. 시각만으로 인식하는 사람과 시각과 청각 양쪽을 사용해 인식하는 사람. 농인의 문화를 가진 사람과 청인의 문화를 가진 사람.

우리의 경우 집에서 말할 때 '두 사람 사이의 공통어는 수화'라고 정해놨지만 공통어를 정했다고 해서 모든 문제가 해결된 것은 아니다. 출생, 습관, 세계관이 다른 두 사람이 함께 있다 보면 여러 가지 일이 일어난다. 이러한 일들을 각자의 입장에서 관찰하고 상대에게 보여주면 좋지 않을까. 그것이 이 책을 쓰게 된 동기다.

그럼 먼저 간단하게 우리 두 사람을 소개하는 것으로 시작하겠다.

아키야마 나미(秋山 なみ). 농인. 수화를 사용한다. 1972년 오사카에서 태어나 자랐다. 태어날 때부터 귀가 들리지 않았다. 세 살 하고 6개월이 되던 때부터 청능훈련(聽能訓練, 청각장애인에게 남아 있는 청력을 최대한으로 활용해 음과 말소리를 수용하는 능력을 키워서 의사소통이 원활해질 수 있게 촉진하는 훈련—옮긴이)을 받으러 다녔다. 열두 살 무렵부터 수화를 익혔다. 풀학원단기대학(현재 풀학원대학) 영문과를 졸업한 후 한동안

회사생활을 했다. 1995년에서 1996년, 미국에 있는 청각장애인을 위한 대학인 갤로뎃 대학(Gallaudet University)에 유학하면서 농인의 권리에 눈떴다. 2001년 도시샤 대학 문학부에 편입학, 수강권 보장 운동에 나섰다. 2004년 현재 동 대학 과목등이수생(科目等履修生, 희망자가 있을 경우, 기존 수강생의 과목 이수를 방해하지 않는다는 조건 아래, 과목 이수를 허용하는 제도—옮긴이)이다. 아르바이트 경험은 초밥 집, 구청, 티슈 나눠 주기, 학원, 바, 복지 관계 일 등등 수도 없이 많다. 취미는 주식 차트를 보며 주가 체크하기. 특기는 아트 플라워.

앞으로는 아키야마 나미를 우리가 평소에 부르는 대로 '고양이'라고 표기하겠다. 실제로도 고양이와 성질이 비슷해서 겨울엔 따뜻한 이불 밑으로 기어드는 것을 좋아하며 스스로도 고양이형 성격에 고양이형 행동을 한다고 말한다. 따라서 이 책에 나오는 '고양이'는 동물 고양이가 아니므로 부디 주의하시길.

가메이 노부다카(龜井 伸孝). 청인. 집에서는 수화로, 집 밖에서는 음성언어로 이야기하며 생활한다. 1971년 가나가와에서 태어나 자랐다. 대학을 졸업한 후 교토에 정착했는데 연구를 위해 아프리카에서 2년 쯤 살았다. 스물네 살까지는 수화나 농인과는 전혀 인연이 없는, 그저 소리가 들리는 사람이었다. 대학원생 때 어쩌다 시간 여유가 생겨 농인 다큐멘터리 영화를 보러 갔다가 그때까지 전혀 몰랐던 다른 문화를 접하고 충격을 받았다. 그 뒤 수화 공부를 시작해 농인 친구가 생겼고 일 관계로 농인과 만나게 되었고 결국에는 농인과 살게 되었다. 직업은 대학 연구원·강사, 전공은 인류학과 아프리카 연구. 취미는 슈퍼마켓 돌아다니기. 특기는 애플파이 굽기.

앞으로 가메이 노부다카를 우리가 평소에 부르는 대로 '거북이'라고 표기하겠다. 평소에도 주위 사람들이 '거북이 씨' '거북아' 등으로 부르므로 이 약칭에 정이 들었다(저자의 성씨 '가메이(亀井)'의 '가메(亀)'는 우리말로 '거북이'라는 뜻이다.—옮긴이). 워낙에 평소 하는 행동도 생각에 푹 잠겨 느릿느릿 기어 다니는 거북이 같은 면이 있으므로 거북이형이라고 할 수 있을지도 모르겠다. 어쨌든 이 책에 나오는 '거북이'도 동물 거북이와는 무관하다.

우리는 우연한 기회로 만났다. 어느 날, 미국인 농인 한 사람이 관광차 일본을 방문했다. "급 모집! 수화를 할 줄 아는 교토에 사는 사람 중에 여행자를 자기 집에 묵게 해줄 한가한 사람 없습니까?" 농인들에게 이런 말을 듣고는 수화를 조금 할 줄 아는 한가한 학생이던 내가 자원했다. 그리하여 여행자를 오사카에서 교토로 안내하던 고양이와 홈스테이를 자청한 거북이가 처음으로 만나게 되었던 것이다.

둘이 좀더 친해지게 된 계기는 영검(실용영어기능검정. 일본의 재단법인 일본영어검정협회가 주관하는 시험으로, 1년에 세 번 실시한다. 일본에서는 토익과 더불어 영어 능력을 검증하는 시험으로 알려져 있다.—옮긴이) 개선 활동이었다. 2001년까지는 농인들도 영검에서 듣기평가 시험을 보아야 했다. 고양이는 영문학을 전공했는데 같은 과 친구들이 차례차례 2급에 합격하는 와중에 자신만 귀가 들리지 않아서 불합격했다. 당시의 영검은 들리지 않는 사람에게는 영어 시험이라기보다 구화(口話, 71쪽 칼럼 (2) 참조) 시험에 가까웠다.

영검 시험제도는 생각보다 빨리 개선됐다. 우리가 이 활동을 시작하기 전부터 영검협회와 청각장애아의 영어 교육에 관계하는 사람들이 듣기평가의 문제점과 이를 대체할 방법에 대해 논의를 거듭해왔다. 또한 우리의 호소 내용을 신문에서 다룬 것도 계기가 된 듯하다. 듣기평가를 자막 독해 시험으로 대체하는 조치가 도입되고 얼마 지나지 않아 고양이는 영검 준1급에 합격했다.

고양이는 영검 개선 활동을 계기로 진로에 대해 다시 생각하게 되어 대학에 편입학했는데 이 책에서 소개하듯이 거기에는 새로운 시련이 기다리고 있었다. '영검 개선 활동의 동지' 거북이는 고양이가 진로 상담을 해왔을 때 전면적으로 격려했다는 전력도 있고 해서 내친 김에 고양이의 대학 내 '수강권 보장 요구 활동의 동지'가 되기로 했다. 고양이는 대학의 수강권 보장 문제에 모든 에너지를 쏟아붓는 바람에 영검에 대한 도전을 한동안 쉬었는데, 대학 졸업을 코앞에 둔 2004년 2월, 다시 영검에 도전해 염원하던 1급 시험에 합격했다.

우리 두 사람에게는 '활동의 동지로서 하나의 목표를 향해 돌진'한 것이 매우 재미있고 정겨운 경험이었다. 그래서 다시 의기투합해 함께 살기로 결정했다.

이 책은 이렇게 함께 살게 된 우리의 평상시 생활 모습을 소재로 삼았다. 각 장에 수화와 농인에 관한 칼럼을 덧붙여 실었으니 용어에 익숙하지 않은 사람은 그 칼럼을 참조했으면 한다.

이 책에는 거북이가 수화 통역을 하는 장면이 등장하는데 그것들은 모두 통역 의뢰자인 고양이의 승낙을 받고 공개했다는 사실을 미리 말해둔다. 수화통역자는 통역 내용을 자기 맘대로 외부에 공개해서는 안 된다는 규칙(비밀 유지 의무)이 있어서 원래는 통역하다가 알게 된 일을 마음대로 집필해서는 안 된다. 그 점을 독자 여러분도 알아두셨으면 한다.

또한 용어와 관련해, 귀가 들리는 사람을 '청인'이라고도 하고 '건청인'이라고도 하는데 전통적으로는 '건청인'이라는 말이 사용되어왔다. 그러나 요즘 젊은 농인들 사이에서는 '청인'이라는 표현이 많이 사용된다. 이 책에서는 '농인과 청인'이라는 식으로 짧은 말을 대비시켜 사용하겠다(일본에서는 청인, 건청인, 농인을 청자, 건청자, 농자라고 표현한다.—옮긴이).

부부이면서 농인과 청인 두 세계의 접점에 선 두 사람. 때로는 활동의 동지, 때로는 농인과 수화통역자의 관계이기도 한 우리. 우리의 생활을 담은 이 책이 농인과 청인의 한층 좋은 관계를 생각하는 데 힌트가 되었으면 한다.

고양이 · 거북이

제1장 우리의 일상

제2장 들리는 세계 속에서

제3장 고양이, 대학에 가다

제4장 고양이와 거북이, 다른 문화를 만나다

＊ 각각의 에세이 앞부분에 저자와 닮은 얼굴 그림을 넣어두었습니다.

 =고양이   =거북이

(차례에서는 고양이 = 🐱   거북이 = 🐢)

제1장

우리의 일상

칼럼(1) 농인이란?

전 세계 어느 나라에서나 귀가 들리지 않는 사람이 손과 얼굴 표정을 사용하는 시각적 언어로 이야기하는 모습을 볼 수 있습니다. 이와 같은 시각적 언어를 '수화(또는 수화언어)'라고 하며 귀가 들리지 않아서 수화로 얘기하는 사람을 '농인'이라고 합니다.

한편 귀가 들리는 사람들은 목소리를 내는 청각언어를 사용하는데 이와 같은 언어를 '음성언어'라고 하며 음성언어로 이야기하는, 귀가 들리는 사람을 '청인' 또는 '건청인'이라고 합니다.

귀가 전혀 안 들리는 사람이나 잘 안 들리는 사람들 가운데에도 수화를 사용하지 않는 사람들이 있습니다. 예를 들어 보유청력이 있어서 보청기를 써서 음성언어로 이야기하는 '난청인'이나, 어른이 된 뒤에 안 들리게 된 거라서 수화가 아닌 음성언어를 계속 사용하는 '중도실청인'이 그렇습니다.

귀가 전혀 안 들리는 사람과 잘 안 들리는 사람이 사회생활을 해나가는 데 어느 부류에 속하는가는 청력 차이보다는 각자 자신이 선택한 소통 방식에 따라 정해집니다. 수화로 이야기하는 농인과 음성언어로 얘기하는 난청인·중도실청인은 각각 서로 다른 전국 조직을 만들어 활동하고 있습니다. 물론 '귀에 문제가 있다'는 공통점에 기초해 양쪽이 행사나 활동을 함께하는 경우도 있습니다.

'청각장애인'이라는 말은 귀가 전혀 안 들리거나 잘 안 들리는 사람 전체를 가리키는 폭넓은 개념으로 농인, 난청인, 중도실청인을 모두 포함합니다.

새가 농인을 부르는 방법

우리 집에는 잉꼬가 있다. 동물은 새든 개든 고양이든 태어난 지 얼마 안 된 것이 사람들에게 잘 팔린다. 채피는 애완동물 가게에서 300엔에 내놓은 아무런 특징도 없는 평범한 초록색 잉꼬였다. 잉꼬의 가격대는 1000엔부터 3000엔인데 300엔이었으니 파격적인 대바겐세일이라 하겠다. 용모도 나쁘지 않고 건강해 보이는 잉꼬를 그처럼 싸게 파는 게 이상해서 점원에게 물었다.

고양이 "어째서 이 잉꼬는 300엔이죠?"
점원 "우선 짝이 없고요, 색깔도 평범한 초록색인 데다 이미 다 커버
　　려서 안 팔려요."

콰쾅! 그런 이유로 네가 300엔에 팔리는구나!
불쌍하기도 해라. 우리 집으로 오렴!
채피는 그렇게 우리 집에 왔다. 하지만 나는 낮에 대학에 가서 평범한 다른 대학생의 두 배 정도 되는 학점을 등록해 듣는 데다 아르바이트

까지 하기 때문에 집에 머무르는 시간이 거의 없었다. 함께 있어줄 시간이 없다 보니 채피는 좀처럼 나를 따르지 않았다.

그런데 얼마 전 겨울방학을 거의 '은둔형 외톨이' 상태로 지내고 나서는 나와 아주 사이가 좋아졌다. 충분히 사랑해주면 어떤 아이도 다 따르는 법이구나. 드디어 채피를 '반쯤 풀어놓고 기르는 상태'에까지 이르렀다. '반쯤 풀어놓고 기르기'란 주인이 집에 있는 동안에는 새장에서 꺼내주는 거다.

처음 새장에서 꺼내줬을 때 채피가 날아오르는 게 아니라 바닥에 떨어지려고 하는 바람에 어이가 없었다. 요놈에겐 새다워지기 위한 재활이 필요해! 그래서 추락한 걸 붙잡아서는 방에 풀어놓아줬다. 요즘에는 채피도 새장 밖에서 잘 날아다닌다. 그래도 주인을 닮아가는 건지 손가락에 앉게 한 다음 장소를 좀 옮길라치면 "집에 갈래" 하고 새장 쪽으로 날아가버린다. 풀어놓고 있어도 대개는 새장 위에 자리를 잡는다. 다섯 시간 동안이나 풀어놓은 상태로 둬두는 경우도 드물지 않은데 그때에도 먹을 것과 물은 새장 안에 둔다.

채피는 내가 '농인'이란 걸 알까? 아마도 보통 새라면 "새장 안에 넣어줘." "배고파!"라고 말해야 할 때 새의 언어로 울겠지. 새에게는 여러 가지 우는 목소리가 있다(나는 모르지만).

어느 날 나는 채피를 밖에 내놓고 내 볼일을 보고 있었다. 몇 시간쯤 지나서 채피가 "먹을 것 줘, 먹을 것!" 했을지도 모를 일이었다. 우는 소리를 내가 알아차릴 수 없기 때문에 채피의 입장에서는 내가 자기를 '무시'하는 셈이 된다. 거북이가 있으면 "채피가 울어" 하고 알려주겠지만 그날은 혼자였다.

문득 내가 '채피는 어떻게 하고 있을까' 하고 시선을 돌린 순간 채피는 내 얼굴에서 30센티미터밖에 안 떨어진 가까운 거리까지 정확하게 날아왔다가(깜짝 놀랐다), 빙글빙글 돌아서 새장 위로 돌아갔다. 빙빙 도는 모습이 너무나도 훌륭해서 나도 모르게 "채피, 굉장해!" 하고 박수를 쳐줬다. 그런데 채피는 점심밥을 먹을 때라서 새장에 들어가고 싶은 모양이었다.

　사람들이 농인을 부를 때는 목소리로 부르지 않는다. 어깨를 두드리거나 살짝 시야 안으로 들어와 손을 흔들어 주위를 끌거나 한다. 채피는 분명 내가 농인이란 걸 알고 있을 거다. 집에 들어가고 싶을 때뿐만 아니라 즐겨 먹는 채소 잎을 내가 실례해서 먹거나 하면 "그거 내 거야!"라고 말하듯이 팔락팔락 날아와서 내 얼굴 앞에서 빙빙 도는 것으로 항의를 표시한다. 이 여자 주인은 아무리 울어도 못 알아차린다는 걸 알고 그런 기술을 몸에 익힌 모양이다.

개방형 주방

귀가. '반짝, 반짝.' (거실 전등을 껐다 켰다 해서 고양이에게 귀가를 알린다.)

내가 밤에 귀가했을 때 가장 먼저 가는 곳은 어디인가. 그건 냉장고. 슈퍼에서 사온 식품을 냉장고에 넣은 다음에는 요리다. 내가 좋아하는 초록색 앞치마를 두르고 어깨 힘을 빼고 음식을 만들기 시작한다. 나는 부엌이 좋다. 음식을 아주 잘하는 편은 아니지만 원래 먹는 걸 좋아하기도 하고 오랜 자취생활 덕에 요리하는 것이 익숙해서이기도 하다. 일요일 같은 때에는 하루의 대부분을 부엌에서 지내기도 한다. 왠지 모르지만 부엌에 있으면 마음이 매우 편해진다.

한편 고양이는 귀가했을 때 가장 먼저 어디로 가나. 컴퓨터 앞이다. 돌아오면 가방을 내려놓기도 전에 먼저 컴퓨터 스위치를 켠다. 메일을 확인한 뒤에는 마음에 드는 사이트, 주가와 외환 시세 등을 체크. 이 사람은 정말로 컴퓨터를 좋아한다. 인터넷 이전 컴퓨터통신 시절부터 이 세계에 맛을 들인, 숙달된 유저다. 타이피스트 경력도 있어서 키보드 두드리는 것도 탁탁탁 하고 빠르다. 일요일에도 여유롭게 앉아 이것저것

처댄다.

물론 그 작업이 늘 즐거운 것은 아니다. 한밤중까지 대학의 통역 코디네이터나 통역자와 교신을 주고받는다. 강의 통역자를 확보하기 위한 연락에 엄청난 시간을 빼앗기고 나서 울기 일보직전의 얼굴이 되는 적도 많다. 그러나 그러다가도 "봐봐, 옥션에서 샤넬 귀고리를 굉장히 싸게 팔아. 그걸 내가 샀어! 얏호!" 하며 좋아하기도 한다. 고양이가 집 안에서 가장 오랜 시간을 보내는 장소는 이처럼 컴퓨터 앞이다.

'부엌에 틀어박힌 남편'과 '컴퓨터에 푹 빠진 아내'. 이런 우리 두 사람 사이에 과연 대화가 있을까? 실은 있다. 어떻게 그게 가능할까. 그 비밀은 부엌 구조에 있다.

우리 집 부엌은 카운터가 딸린 개방형이다. 부엌에 서면 카운터 너머로 식탁이 놓인 공간과 거실 공간을 한눈에 바라볼 수 있다. 이것이 얼마나 편리한 구조인지 실제로 살아보기 전에는 몰랐다.

나는 부엌에서 뭔가를 한다. 카운터 바로 바깥쪽에는 컴퓨터가 놓여 있고 그곳은 고양이가 좋아하는 장소. 요컨대 내가 카운터를 지키는 지배인이라면 고양이는 단골손님이다. 난 마음이 내키면 맥주를 따라서 손님에게 내준다. 요구가 있으면 완두콩에 치즈도. 손님은 흡족해하며 지배인에게 잔을 돌려준다. 나는 한쪽 무릎을 구부리고 정중하게 받는다.

컴퓨터를 향해 앉은 손님 고양이가 불쾌한 메일을 보고는 "아니, 이럴 수가!(격분)" 하고 소리치면 나는 그 자리에서 바로 "엉, 뭐라고?" 하며 고민상담원이 되어준다. 반대로 나는 스프를 만들다가 가까이에 있는 손님을 불러 간을 봐달라고 부탁한다. 어느 쪽이든 장소는 카운터. 서로의 얼굴과 수화를 볼 수 있다는 점이 중요하다.

만약 사이에 벽이 있다면? 상대가 있는 곳까지 빙 돌아가서 어깨를 두드려 부른 뒤에 이야기해야 할 것이다. 물론 이야기야 할 수 있지만 시간이 걸릴 테고 일일이 말하러 가기가 귀찮아질 것이다. 공간이 시각적으로 막혀 있으면 이야기를 나누는 양도 줄어들 것이다. 지금처럼

"있지, 있지—"라고 손바닥을 팔랑팔랑 흔들며 상대를 부르고 바로 얘기를 시작할 수 있는 건 우리 집의 부엌 구조가 개방형이기 때문에 비로소 가능한 것이다.

원래 집을 선택할 때 부엌에 집착한 것은 나였다. 좁은 부엌은 싫어서 열려 있는 느낌을 주는 곳을 고르다가 이 집을 선택했다. 컴퓨터를 놓을 장소는 그다지 깊게 생각하지 않고 이사한 날 적당히 결정했다. 다행스럽게도 그게 서로에게 딱 맞는 좋은 장소가 된 것이다. 고양이는 "후후후. 우리 집이 인터넷 카페가 됐어" 하며 즐거워했다. 하기야 커피도 맥주도 무료로 바로 나오니 신날 수밖에.

나는 부엌에서 이런 생각을 한다. 농인의 언어는 수화이므로 시각적으로 확 열려 있는 편이 편리하고 쾌적할 것이다. 만약 농인이 사회의 지배자라면 세상의 건축물 구조는 아마도 지금과 전혀 다를 것이다. 실제로 미국의 농인 대학인 갤로뎃 대학은 상하층이 트여 있어서 아래에서 위를, 위에서 아래를, 서로 환히 볼 수 있는 구조로 된 건물이 많았다. 고양이가 직감적으로 개방형 주방이 있는 집을 선택한 것도 내 무리한 부탁을 받아들여줘서만이 아니라 자신도 모르는 사이에 농인의 시각적인 욕구에 이끌렸기 때문일 것이다.

나는 마음이 침울할 때 부엌에 처박혀서 사과를 부글부글 끓여 애플파이를 만든다. 고양이는 기분이 썩 좋지 않을 때 컴퓨터 화면을 향해

앉아 여기저기 좋아하는 사이트를 돌아본다. 하는 건 달라도 있는 장소
는 둘 다 정해져 있다. 농인이 있는 가정이라면 개방형 주방을 권한다.
수화를 나누는 생활에 잘 맞을 것이므로.

문 좀 열어줘!

지난번에 집에 못 들어가 한참을 고생했다.

부부싸움을 한 건 아니다. 열쇠를 잃어버린 것도 아니다. 늘 하던 대로 일을 끝내고 슈퍼에 들렀다 집에 도착해 열쇠로 문을 열고 안으로 들어가려고 했다……. 그런데 안쪽으로 빗장이 걸려 있었던 거다.

우리 집은 아파트다. 방범 대비는 상당히 잘되어 있는 편이다. 1층 아파트 동 입구에는 공동현관잠금장치, 각각의 문에는 자물쇠, 그리고 안쪽에서 걸 수 있는 빗장. 이렇게 삼중으로 자물쇠가 마련되어 있다. 그동안 빈틈투성이인 학생 기숙사나 낡아빠진 연립주택에 살던 내 입장에서 보자면, 참으로 완벽한 방범시스템이야, 하고 감탄할 일이었다. 그런데 그 마지막 빗장이 문제였다. 이게 안쪽에서 걸린 바람에 내가 들어갈 수 없었다.

빗장을 건 사람은 당연히 고양이다. 그녀는 분명 집안에 있을 것이지만 농인이므로 밖에서 아무리 소리쳐 불러도 듣지 못한다. 자, 이것 참 큰일 났다. 문의 좁은 틈새로 안을 들여다보면서 고양이에게 알릴 방법을 모색했다.

내가 가장 먼저 한 일은 벨 누르기. 우리 집에는 빛으로 벨을 알리는 '알림 램프'는 달아놓지 않았지만 인터폰 화면이 빛날 것이므로 그 빛을 보고 알아차릴지도 모른다.

딩동, 딩동, 딩동······.

소리만 허무하게 울려 퍼졌다. 열 번 정도 계속해보고 그만뒀다. 너무 끈질기게 벨을 눌러대면 이웃에서 이상하게 생각할지도 모를 일이었다.

다음으로 얼마 안 되는 틈새로 손을 넣어 빗장을 빼보려고 했다. 그러나 그건 불가능했다. 밖에서 뺄 수 없도록 설계되어 있다(당연하다).

현관 조명을 껐다 켰다 하면 알아차려줄지도 모른다. 그러나 현관 등을 켜고 끄는 스위치는 문 안쪽에 있다. 막대기 같은 것으로 스위치를 누를 수는 없을까 싶어서 찾았는데 우산이니 빗자루니 자전거용 공기펌프니 하는 것들은 전부 문 안 현관에 있었다. 아파트 복도에 가느다란 막대기라도 없을까 둘러봤지만 이웃은 모두 착실한 사람들뿐이어서 그런지 복도에는 물건 하나 나와 있지 않았다. 막대기를 찾는 건 포기했다.

문 틈새로 하얀 종이를 넣어 팔랑팔랑 흔들어봤다. 거실에 앉아 있으면 유리문 너머로 현관이 한눈에 들어온다. '어이, 이것 좀 봐줘…….' 그러다 그만 종이를 안으로 떨어뜨렸다.

마지막으로 빗장이 걸린 채로 문을 덜컥덜컥 잡아당겼다. 진동이 바닥이나 벽을 타고 전해지지 않을까 하는 바람에서. 그러나 반응이 없었다. 문을 부숴버리는 건 의미가 없으므로 그만뒀다. 직접 부르는 방법은 그 이상 떠오르지 않았다.

차가운 아파트 복도에 서서 방법을 생각해봤다. 어떻게든 연락을 해야 돼. 물론 전화는 처음부터 선택지에 들어 있지 않았다. 메일을 보내고 싶었는데 하필이면 그때 내 휴대폰이 해지 중이었다. 집 근처에 인터넷 카페도 없었다. 그래, 휴대폰을 갖고 있는 청인 친구에게 전화해서 고양이에게 메일을 보내달라고 하자! 그러나 그 친구의 전화번호를 갖고 있지 않았다.

　남은 방법은 팩스밖에 없었다. 아파트를 나와 팩스를 보낼 수 있는 가게를 찾아 돌아다녔다. 집 근처 편의점에는 팩스가 없었다. 겨울밤에 쫄쫄 굶은 채 거리를 방황하자니 내 신세가 참으로 처량했다. 고양이가 소리를 못 듣는다는 건 워낙에 알던 사실이고, 사람은 누구나 깜빡 잊는 일이 있지 않은가. 생각은 그렇게 했어도, 억울하고 분한 마음이 가라앉지 않았다……

　두 번째 편의점에는 팩스가 있었지만 송신이 잘 되지 않아 집 쪽에서 호출음만 울리는 모양이었다. 포기하고 가게를 나왔다. 세 번째 편의점은 더 멀었고 거기에 팩스가 있는지 없는지도 알 수 없었다. 날은 저물어 자꾸만 추워졌고 기분은 더욱 우울해졌다. 비즈니스호텔로 뛰어들었더니 종업원이 친절하게도 실비만 받고 팩스를 보내줬다.

　기도하는 마음으로 다시 집으로 돌아와봤더니 빗장이 열려 있었다. 고양이가 아무 일도 없었던 것처럼 평화로운 얼굴로 "다녀왔어요"라며 맞아주었다. 나는 "어이! 난 한 시간이 넘게 추운 바깥을 돌아다녔어" 하고 지금까지 벌인 고독한 격투에 대한 이야기를 숨도 쉬지 않고 내뱉었다.

　들어보니 인터폰 화면이 빛나는 건 알아차리지 못했고 바닥이나 벽의 진동도 없었다고 한다. 종이에 대해서는 '어라? 현관에 종이가 떨어져 있네. 이상한 틈새가 있는 집이구나' 정도로만 생각했고. "그러고 보니까 전화가 왔었어. 전화기 램프가 빛났었어" 하며 여유로운 소리를 한다. 편의점에서 되지도 않는 팩스를 몇 번이나 시도할 때 불이 반짝였나 보다. 내가 호텔에서 보낸 마지막 팩스는 어쩐 일인지 송신이 늦어서 내가 집안으로 들어온 후에야 왔다.

고양이는 시계를 보고 '슬슬 집에 올 시간이네. 빗장을 빼놔야지' 하고는 빗장을 풀어놓고 기다렸다고 한다. 이 사람은 정말로 시종일관 아무것도 모른 채 내 귀가를 맞이했던 것이다. 그러니 평화로울 수밖에.

거북이 "이봐. 혹시 반대의 경우였다면 어떻게 했을 거야?"
고양이 "당신은 들리잖아. 소리 내서 부르면 되지."

그때만큼은 '으이구, 치사해라' 하고 마음속으로 생각했다.

'농(聾)'이라는 글자

'농'이라는 글자를 둘러싸고 다채로운 일들이 벌어진다.

고양이도 그렇지만 농인들은 보통 자신에 대해 '농(로)' 농인(일본에서는 聾者라고 쓰고 '로샤'로 발음한다.—옮긴이)'이라고 부른다. 수화로 얘기하는, 귀가 들리지 않는 사람들을 통틀어 가리키는 말이다.

신문이나 책에서는 '청각장애인' '귀가 불편한 분' '귀에 핸디캡을 지닌 사람' 등등 여러 가지로 표현한다. 사실 대부분 청인에게는 그런 말들이 더 자연스러울 것이다. 그러나 농인의 수화 회화 중에는 '농'이라는 표현이 가장 자주 사용된다. 농인이 일부러 의식하지 않는 가운데 자연스럽게 나오는 말이다.

글로 쓸 때도 '농'이 많다. '聾'을 일부러 한자로 쓰는 사람도 있지만 획수도 많고 해서 우리 집에서는 한자로는 안 쓴다. 농인들끼리도 히라가나로 '농('농'의 일본어 발음은 '로'이며 히라가나로는 'ろう'라고 쓴다.—옮긴이)'이라고 쓰는 경우가 많은 것 같다.

이 '농'이라는 말이 청인에게는 그다지 익숙하지 않다. '농'이라고 하면 밀랍의 '로'라고 생각하는 사람이 제법 많다(일본말에서 밀랍의 납과 농인의 농은 둘 다 '로'로 발음됨—옮긴이). 맨 처음 '로 문화'라는 말을 들었을 때 밀랍인형이나 밀랍세공에 대한 얘기인가, 했다는 청인을 나는 여러 명 안다. 개중에는 농인이 쓴 책을 밀랍세공에 관한 책으로 알고 샀다가 집에 가서 깜짝 놀랐다는 사람도 있었다(보통은 사기 전에 확인을 하는데 말이다).

참고로 나도 밖에서 청인에게 고양이 이야기를 할 때는 '농'이라는 말을 사용하는데, 단 "아내는 농인입니다"란 말만으로 끝내는 일은 거의 없다. 농인을 밀랍인형으로 오해하면 큰일이기 때문이다. 대개는 "아내는 농인입니다. 귀가 들리지 않습니다" 하는 식으로 보충 설명을 한다.

"아내는 청각장애인입니다"라는 표현은 거의 사용하지 않는다. 우리 부부의 생활 감각으로는 '청각장애'이란 말은 서류에서나 사용하는 표현이다. '본적'이라는 말과 마찬가지로 관공서에서 어떤 절차를 밟는 등 정해진 상황에서 쓰는 말이지 평소의 대화에서 사용하는 말이 아니다.

하물며 "아내는 귀가 불편합니다." "귀에 핸디캡을 갖고 있습니다"라니, 그런 말은 한 번도 한 적이 없다. 그렇게 에둘러 하는 애매한 표현은 고양이의 입장에서 보자면 짜증의 원천이다. 게다가 농인의 핸디캡은 귀의 문제가 아니라 수화를 포용하지 못하는 언어 정책에서 생겨나는 정보적인 핸디캡이기 때문에 사실하고도 맞지 않는다. 역시 직설적으로 '농'은 '농'이라고 말하는 게 농인의 감성에 맞는다.

농인에게 있어 '농'이라는 글자는 각별하다. 거의 반사적으로 시선이 머무는 글자라고 한다.

"꽃꽂이 교실을 함께 만들자〔츠쿠로(つくろう), '만들자'는 말인 츠쿠로의 '로'가 농인의 '로'와 같다.—옮긴이〕."

고양이는 이런 포스터가 있으면 마지막의 '로'라는 글자에 시선이 머물면서 "어라, 농인이 뭐 어쨌단 거지?" 하는 모양이다.

언젠가 "농인이 무슨 사고라도 쳤어?!" 하며 고양이가 뛰어 들어왔다. 텔레비전 뉴스 자막은 이랬다.

"부엌칼 남자, 은행원을 인질로 잡고 농성"

농성이라는 말 때문에 순간적으로 '부엌칼 남자 = 농인'이라고 생각한 모양이었다. 물론 농인과는 아무런 관계도 없는 사건이었다.

최근에 나에게도 그녀의 감각이 옮겨왔다. 어느 날 둘이서 일본 과자점에 들어가 이것저것 시식을 하는데, 어느 과자 견본에 이런 라벨이 붙어 있었다.

"'로(밀랍)'이므로 먹을 수 없습니다."

와아, 엉뚱한 과자점이야. 농인이 아닌 사람은 식용으로 먹나 봐! 물론 이건 밀랍세공의 '랍(로)'. 하지만 우리에게는 아무래도 농인의 '농'으로밖에는 보이지 않았다.

거북이 "저길 봐. 농인이니까. 먹으면 안 돼."
고양이 "도대체 뭐하는 가게야?"

둘이서 서로 말장난을 하며 깔깔거렸다.
일본 과자점의 견본 앞에서 수화로 말장난을 하며 웃는 우리를 가게의 판매원은 어떻게 봤을까. 아마도 뭘 하는 건지 알 수 없었을 것이다. 우리가 설명을 해줘도 '농'이라는 말을 쓰는 데 익숙하지 않다면, 그리고 실감할 수 없다면 웃을 수 없을 것이다. 번역하기 힘든 웃음이다.
'농'이란 글자는 농인의 글자다. 그래서 농이란 글자가 들어간 단어나 문장에는 농인의 눈에만 보이는 독특한 의미와 웃음이 담겨 있다.

투명 농인

농인이 투명인간이 되면 어떨까? 이런 이야기를 가지고 고양이와 한참을 떠들었다.

둘이서 함께 SF 서스펜스 영화*를 보고 나서였다. 일요일 밤에 무심히 켠 텔레비전에서 자막이 달린 영화가 시작됐다. 어느 과학자가 투명인간이 되는 인체실험을 받았는데 결과는 절반의 실패. 투명해지긴 했으나 원래 상태로 돌아오지 못하게 됐다. 그는 동료 연구자들에게 차례로 복수를 한다. 집안 어딘가에 몰래 숨어 있는, 모습이 보이지 않는 살인귀······.

고양이 "있잖아, 내가 투명해지면 어떻게 할 거야?"
거북이 "······?"
고양이 "어떻게 될까?"
거북이 "어떻게 되긴, 뭐. 당신이 하는 수화를 볼 수 없겠지."
고양이 "아, 그렇구나."

　　그렇게 되면 당장 힘든 건 대화를 할 수 없게 된다는 점이다. 수화는 눈으로 보는 언어이므로 손이 투명해져버리면 이야기가 안 된다.

　　영화에서는 방 안 어디선가 울려 나오는 투명인간의 목소리가 상대에게 사형선고를 내린다. 투명 농인이라면 그럴 수 없다. 눈앞에 서서 투명한 손을 붕붕 흔들어대도 조금도 보이지 않을 테니까. 왠지 무서울 것도 같고 무섭지 않을 것도 같은 이상한 광경이다.

　　고양이 "그럼 장갑을 낄까?"

　　거북이 "장갑만 공중에 떠 있으면 더 으스스하지."

고양이 "하지만 없는 것보다는 낫지 않아?"

거북이 "낫긴 하지만……, 역시 얼굴이 없으면 대화하기 힘들어."

내 머리에 떠오르는 광경은 하얀 장갑 두 개가 하늘하늘 공중에서 춤추는 장면이다. 자세히 보니 그게 수화로 무슨 이야기를 하고 있는 게 아닌가. 뭐라구? "배가 고프니까 점심으로 치킨 라면 만들어달라구." ……정말 으스스하다.

그리고 장갑만 보이는 투명 농인에게는 얼굴이 없다. 수화에 꼭 필요한 표정이 사라져버리다니. 계속해서 이런 상상을 했다.

— 고양이 = 공중에 떠 있는 하얀 장갑 두 개

장갑 【쇼핑 / 간다】

거북이 "아, 장 보러 가는구나? 잘 다녀와."

장갑 【아니다 / 아니다 / 당신 / 간다 / 어느 쪽 / 나 / 질문! / 당신 / 의미 / 몰라 / 어째서지 / 화나!(격노)】

　　〔문자로 풀어 쓴 의미 : ……아니야. 난 당신한테 갈지 안 갈지 묻는 거야! 어째서 내 말 뜻을 모르는 거야! 정말 화나네!(격노)〕

거북이 "잠깐. 당신이 무슨 말을 하는지 모르겠어."

손의 움직임만 보고 있으면 "간다!"인지 "가줘"인지 "갈 거야?"인지 알 수가 없다. 긍정인지 요청인지 질문인지는 보통 표정을 가지고 전달한다. 얼굴의 움직임이 없으면 뜻을 엉뚱하게 해석하게 된다. 수화란 무섭다.

거북이 "역시 표정이 필요해. 미안하지만 얼굴에 페인트를 칠해줘."
고양이 "싫어, 그런 거."
거북이 "늘 하는 짙은 화장으로 충분해."
고양이 "시끄러.(격노)"

영화의 투명인간은 '모습 없는 목소리'로 상대를 공포에 빠뜨린다. 그러나 투명한 농인이 상대에게 뭔가를 전하고 싶으면 장갑을 끼고 긴 팔 옷과 모자를 쓰고 얼굴에는 뭔가 발라야 한다. 이래 가지고서야 투명인간의 서스펜스가 될 수 없다. 오히려 채플린의 코미디다.

거북이 "있지, 반대라면 어떨까? 내가 투명해지면."
고양이 "얼굴이 안 보이는 건 싫어."
거북이 "게다가 내가 목소리를 내봤자, 당신이 들을 수 없으니 말이야."
고양이 "촉수(觸手)로 얘기할 수 있긴 해."

아, 그렇구나. 촉수 대화(손으로 접촉하는 수화)가 있었다. 수화의 형태나 움직임은 감각으로 알 수 있기 때문에 익숙해지면 못할 것도 없다. 차라리 촉수 대화 때에는 눈을 감는 편이 상대가 투명하다는 걸 잊고 얘기할 수 있어 좋을지도. 하지만 이래서야 역시 서스펜스가 되기는 어렵겠지.

내가 투명인간이 되면 농인에게 내 존재를 알리기 힘들 것이다. 수화로 전달하려 해도 보이지 않으니까 알아차리지 못할 것이다. 수화로 얘기하고 싶으면 내가 이것저것 껴입고 얼굴에 색깔을 칠하고 상대가 날 볼 수 있게 해야 한다. 그러면 투명해진 의미가 없다.

고양이 "나 자고 있을 때 투명인간으로 만들면 안 돼."
거북이 "아하하, 안 해, 안 해."

눈에 보이고 눈으로 보여줘야 어느 정도 통하는 농인의 세계. 투명인간은 농인의 세계에서는 붕 떠버릴 것 같다. 설령 투명인간이 될 수 있는 약이 있어도 우리 집에서 쓰는 건 그만두자. 그런 결론이었다.

● 〈인비져블〉, 2000, Sony Pictures Entertainment (Japan) Inc.

귀가 나빠져!

고양이가 거실에서 비디오를 보고 있었다. 일본어 자막이 달린 외국 영화. 고양이는 영어 대사에 흥미가 있어서 귀에 보청기를 끼고 거기다 또 음량을 최대로 올린 헤드폰을 대고 텔레비전 배우의 입 모양을 본다. 그러면서 "배우가 말하는 소리가 들려" 한다.

고양이 "응, 배우가 말하는 소리, 들려."
거북이 "뭐라고 하는데?"
고양이 "뜻은 모르지만 뭔가 소리가 있어."
거북이 "……그건, 들리는 게 전혀 아닙니다요."

소리가 완전 제로는 아닌가 보다. 하지만 그건 뜻을 전달하지 않는 애매모호한 소리의 덩어리다. 내 감각으로 말하자면 그건 '들린다'고 하는 범주에 들어가지 않는다.

고양이 "글쎄 소리가 있다니까. 이런 걸 '들린다'고 하는 거지?"

거북이 "그렇지 않다니까.(쓴웃음)"

청인끼리도 이런 대화를 할까?

— 무선 교신 중인 두 사람

갑 "여보세요, 여보세요, 들립니까? XXXXXX."
을 "네, 무슨 말을 하는지는 모르겠지만, 잘 들립니다."

거의 코미디다.

거북이 "있잖아, 청인이 '들린다'고 하는 건 '말뜻을 이해할 수 있다'는 거야. 그러니까 당신처럼 말하면 청인은 오해해. '들리니까 구화(口話)로 해도 되겠네. 나불나불나불'. 그러면 당신 손해야."

고양이 "그렇구나. 주의할게."

DVD가 나오기 전이라 비디오를 빌려 왔는데 그때는 자막이 일본어로만 나왔다. 영어 대사를 알고 싶은 고양이는 불만이었던 모양이다.

고양이 "영어로 뭐라고 하는 걸까. 자막이 일본어뿐이라서 모르겠어."

거북이 "소리를 더 크게 해보지 그래? 리모컨 이리 줘봐. 쭈욱 최대로 올려서 들어봐."

고양이 "앗, 뭐하는 거야! 그렇게 소리를 크게 하면 귀가 나빠져."

거북이 "……?"

……저기 있잖아. 당신 그 이상 청력이 나빠질 리가 없을 텐데.

고양이가 조정한 음량은 청인으로 치면 참을 수 없을 정도로 큰 음량이었다. 청인인 나는 헤드폰에서 새어나오는 소리만으로도 영화음악을 충분히 들을 수 있을 정도였다.

잠시 후에 마실 것을 가지고 어떻게 하고 있나 보러 가봤다. 이런, 고양이는 볼륨을 최대한으로 높인 헤드폰을 낀 채 탁자에 엎드려 잠들었다. 그래, 이 사람은 농인이었지. 어딘지 모르게 평화로운 공기가 떠도는, 어느 날 밤 우리 집 정경이었다.

신칸센 창문 너머로

신칸센을 탈 때 나 혼자 즐기는 가벼운 재미가 있다. 사람들이 유리창 너머로 어떤 대화를 하는지 관찰할 수 있어서다. 뭐, 악취미라고? 본업이 인류학자니까 이것도 직업병이려나.

보통 청인들 사이에는 대화가 없다. 음성으로는 창문 너머로 대화를 할 수 없기 때문이다. 생긋 웃음을 짓거나 "바이바이" 하고 손을 흔들거나 한다. 신칸센이 출발하지 않으면 조금 난처해지는 경우가 있다. 그럴 때면 눈길을 돌려 딴 곳을 보거나 가방을 열어보거나 시계를 보기도 하면서 괜스레 부산스럽다.

개중에는 아이를 활용하는 사람도 있다.

"보렴, ○○야. 할머니가 '바이바이' 하시네. 봐, 너도 '바이바이' 해. 자, 바이바이!"

창 너머에 있는 할머니가 아니라 옆에 있는 아이에게 열심히 말을 건다. 이것도 일종의 시간 보내기겠지. 대화를 못하는 시간을 이렇게 해

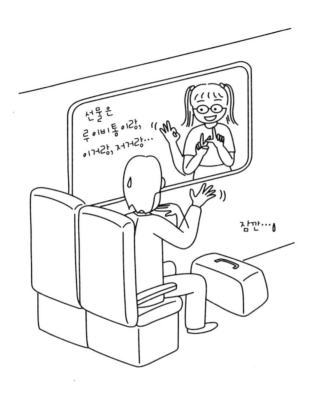

서 때우는 거다. 드디어 신칸센이 움직이기 시작하면 다시 "바이바이"
하고 손을 크게 흔들며 헤어진다. 대체로 이런 식이다.

이럴 때 우리는 수화로 대화한다. 수화는 눈으로 보는 언어이므로
창문은 대화에 조금도 방해가 되지 않는다. 출발 직전까지 창문 너머로
수화 대화가 계속된다.

— 고양이, 플랫폼에 서 있다. 거북이, 좌석을 찾아 앉는다. 신칸센

의 창문 너머로 눈이 마주친다.

고양이 "있지, 있지, 도쿄까지 몇 시간?"

거북이 "노조미 호는 빠르잖아. 두 시간 반쯤일걸."

고양이 "선물 기다릴게."

거북이 "뭘 갖고 싶은데?"

고양이 "루이비통!"

거북이 "진짜야?(땀) 하지만 취향을 모르니까 다음에 사다 줄게."

고양이 "그거 무슨 뜻이야?! 좋아. 그럼, 키티인형빵 사 와."

거북이 "어, 그거 싸서 좋다.(웃음) 아, 슬슬 출발이네."

고양이 "도착하면 메일 보내."

거북이 "OK."

— 신칸센, 움직이기 시작한다.

고양이 "도시락 사 먹어. 하마마츠의 장어 도시락."

거북이 "그거 비싸.(쓴웃음) 당신도 점심밥 먹고 들어가."

고양이 "응, 그리고 나온 김에 우체국에도 갈 거야. 그럼 조심해서 가."

거북이 "배웅해줘서 고마워, 바이바이……."

— 서로가 안 보이게 된다. = 대화 종료.

얼굴이 안 보일 때까지 열심히 애기를 계속한다. 이건 시각적 언어인 수화의 특성이다.

나는 처음에 이게 굉장한 거라고 생각했다. 하지만 익숙해지니까 그냥 당연한 게 되었다. 수화의 세계에서는 상대방 얼굴이 보일 때, 가령 창문 너머로 눈이 마주쳤을 때 아무 말도 하지 않으면 실례다. 눈길을 돌리면 상대를 무시하는 것이 된다. 이런 일들을 하나씩 배워야 한다. 수화 대화를 지배하는 규칙은 음성언어와 근본적으로 다르기 때문이다.

간혹 드라마에서 유리창을 사이에 두고 수화로 이야기하는 장면이나 건너편 플랫폼에 있는 사람과 수화로 말을 하는 장면 등이 강조되어 나오는 것을 볼 수 있다. 장시간 충분히 보여주는데 여기서 감동을 하라는 식이다. '그럴 때 수화는 정말 편리하지요'라는 시청자의 감상이 들려오는 것 같다.

하지만 그건 조금 빗나간 설정이다. 편리한지 어떤지하고는 관계없이 우리는 늘 수화로 말하며 살고 있고 그것이 창문 너머로도 계속되는 것일 뿐이다. 수화 특유의 대화 예절은 유리창 너머에서도 잘 지켜져야만 하며, 따라서 실은 그러한 장면에서의 적절한 행동 방법을 배우는 것이 매우 중요하다. 이런 사정이 드라마에는 그려지지 않는다.

게다가 수화를 공용어로 인정하지 않는 이 나라에서, 보통 때는 농인들이 큰 불편을 감수하도록 해놓고는, 이런 데에서만 수화를 조금 보여주고 "수화는 편리하다"며 재미있어하는 것도 농인에게 실례라는 생각이 든다.

어쨌든 내가 신칸센에 올라탄 뒤에도 우리는 대화를 멈추지 않는다. "있지, 아까 그 얘기의 계속인데……" 하고 줄줄이 이야기가 이어진다.

참고로 농인인 고양이에게 물어봤다. 신칸센에서 청인들의 커뮤니케이션을 어떻게 생각해?

"창문 너머의 청인들? '바이바이'만 해대서 바보 같아. 구화(71쪽 칼럼(2) 참조)를 하라구, 구화를" 하는 뼈 있는 대답이 돌아왔다.

농인의 혼잣말

어느 날 특급 전철을 탔을 때 있었던 일이다. 목적지까지 가는 도중에 어느 역에 섰을 때 회사원 한 무리가 건너편 플랫폼에서 다가왔다. 내가 타고 있는 전철을 타려는 거였는데 전철의 종류가 특급이라는 걸 알고는 멈춰 섰다. 특급을 타면 내려야 할 역에 서지 않아서일까?

여기까지는 특별히 집중해서 본 게 아니었다. 내 주의를 끈 건 여기서부터였다. 전철에 타려다가 특급이라서 탈 수 없다는 걸 알아차린 회사원 한 사람이 무릎 가까이에서…… 그러니까 비즈니스 코트의 밑단 위치에서 수화를 했기 때문이었다. 그것도 한쪽 손의 둘째손가락만으로. 사실은 누가 하든 수화는 가슴 앞에서 양손으로 한다. 하여튼 내 눈에 '일치하지 않아' '의미'라는 수화가 뛰어들었다. 음성언어로는 표현하기 어렵지만 이런 느낌이었을 거다, 분명.

— '뭐야? 타려고 했는데!'라는 상황에서…….

남성 【 일치하지 않아. / 의미? 】 (이 전철이 아니네?)

아, 수화란 굉장하구나. [일치하지 않아. / 의미?]라는 뜻을 무릎 위
치에서 한쪽 손의 둘째손가락 하나로 방향도 비틀어서(손가락 끝이 땅을
향하고 있었다) 표현했는데 그것이 나에게 전달된 것이다. 청인은 수화를
할 줄 안다 해도 수화로 혼잣말을 하지는 않지. 농인의 혼잣말이라는 건
이런 식으로 하는 거구나. 자신을 돌아보니 뭔가 알 것 같았다.

그러고 보니 회사원 차림을 한 이 남자, 어디선가 본 듯한 농인이었
다. "얼굴은 어디선가 본 적이 있는데 이름까지는 몰라" 하는 건 농인들
사이에서는 흔한 일이다.

집을 빌릴 때

2, 3월은 이사 시즌. 요즘 거리에서 이삿짐 차를 자주 본다. 오사카에서 혼자 자취를 할 때는 부동산 중개업자나 집주인과 '귀가 들리지 않는다'는 것 때문에 곤란했던 적은 한 번도 없었다. 외국인이 일본에서 집을 빌리기 어렵다는 건 알았지만 농인도 마찬가지라는 것은 25년 이상 살아온 오사카를 떠날 때까지는 생각도 못해봤던 일이었다.

도시샤 대학에 편입학이 결정된 뒤, 나는 눈 쌓인 어느 날 교토의 부동산 중개업자에게로 갔다. 내 목소리를 들은 가게 주인은 고개를 갸우뚱하며 "외국인입니까?" 하고 물었다.

아니, 아니. 지금 이 얘긴 내 발음이 이상해서 그런 생각을 했다는 건가?

그러니까 날 외국인이라는 거야?

외국인이 방을 빌리려다 고생했다는 얘기가 뇌리를 스쳐갔다. 어쩌면 방을 빌리지 못할지도 모른다는 생각에 주눅이 든 나는 "필담으로 해주세요"란 말은 꺼내지도 못했다.

나만 그런 취급을 받은 건 아니었다. 다른 농인 학생에게 물어봤더니 생각지도 못했던 얘기가 조금씩 나왔다. "농인에게는 방을 빌려줄 수 없다"고 딱 잘라 거절을 당했다는 학생도 있었다. 또한 집주인이 "아파트 앞에서 수화를 사용하지 말라"고 했다는 얘기도 들었다. 으음, 그러니까 오사카는 특별히 좋은 환경이었단 말이군. 아니면 내가 만난 사람들이 어쩌다 하나같이 친절한 사람들이었던 걸까.

오사카에서 살 때에는 친구가 놀러오면 맨션 앞에서나 엘리베이터 안에서나 아무렇지도 않게 수화로 말했다. 하지만 일단 그런 말을 듣고 나니 심리적으로 위축되어 영 수화를 할 수가 없었다. 누구에게 무슨 말을 들은 것도 아닌데 다른 입주자를 만나면 왠지 수화를 하던 손을 내려 놓게 되었다.

한 친구가 "여기서는 집 밖에서 수화를 하면 빤히 쳐다봐" 하고 투덜거린 적이 있다. 실제로 레스토랑에서 보통 때 하듯이 수화로 얘기하며 식사를 하는데 사람들이 우리를 빤히 쳐다봤다. 똑바로 바라보면 금방 눈길을 돌리는 사람이 많다는 걸 학습해온 내가 '무례하네요. 나는 구경거리가 아니라구요' 하는 기분을 담아 노려봤는데도, 그들은 눈길을 돌리지 않았다. 우리를 계속 힐끗힐끗 보면서 소곤거리는 데에 그만 할 말을 잃었다. 그게 이곳 사람들이 지닌 의식의 표현일지도 모른다. 이건 집을 빌리는 얘기와도 관련 있다.

게다가 이러한 일들은 교토에서만 일어나는 게 아니다. 대도시인 도쿄에서도 집을 빌릴 때 집주인 표정이 좋지 않았다는 얘기를 들었을 때에는 '도쿄여, 너도냐' 하고 속으로 외쳤다. 교토냐 도쿄냐 하는 것과는 관계없는 일일 것이다. 장애가 있는 사람을 어떻게 받아들이느냐에 대한 온도 차는 광역지자체 차원이 아니라 좀더 작은 규모의 단위에서 나오는 건지 모른다.

'불이라도 났을 때 (안 들리니까) 알리는 게 늦어질지도 모른다.' '농인은 상식 없이 생활 소음을 심하게 낸다' 하는 의식이 아직도 있는 모양이다. 화재에 관해 말하자면 플래시나 진동으로 알 수 있는 화재경보기의 설치를 법령으로 의무화하면 된다. 생활 소음은 방음 조치를 취하면 대개 해결된다. "농인은 상식이 없다"라고 몰아붙이기 전에 "밤중에는 주위가 조용해서 세탁기를 돌리면 소리가 크게 나니까 안 하는 게 좋아요. 그래도 꼭 해야 한다면 어쩔 수 없지만 사이가 나빠질지도 몰라요." 이렇게 구체적으로 조언을 해줬으면 한다. 어쨌든 농인은 가르쳐주기 전에는 세탁기 소리가 커서 밤에는 이웃집에 폐가 될 정도라는 것을 알 수가 없으니까. 건물만이 아니라 귀가 들리는 여러분의 배리어 프리(Barrier free, 고령자 및 장애인의 사회생활 참여를 어렵게 만드는 사회적·제도적·심리적인 모든 장벽을 제거하는 것―옮긴이)도 부탁합니다.

소리의 크기

둘이 함께 살기 시작한 뒤 처음으로 한 부부싸움은 지금도 잊을 수가 없다. 그 싸움의 원인은 '소리'였다.

정확히 말하자면, 같이 살고자 이사를 하는 와중에 일어난 일이었다. 아파트에 들어가기로 한 우리는 이삿짐센터가 날라 오는 짐을 큰 짐부터 정신없이 풀었다. 그 작업을 하면서 물건이 바닥에 쿵 떨어지거나 쾅 부딪치거나 할 때마다 나는 신경이 예민해졌다.

지나칠 정도로 소리에 신경이 쓰인 데에는 이유가 있다. 나는 그때까지 몇몇 친구들과 함께 목조 집을 빌려서 마음 편한 공동생활을 했었다. 단, 그 집은 소리 환경으로 말하자면 최악이었다. 연립주택의 한쪽구석에 붙어 있던 우리 집은 옆집과의 경계가 얇은 나무판대기 벽 하나라서 조금만 큰 소리로 얘기를 해도 다 들렸다. 우리는 모두 학생이라야행성이었고 친구라도 오면 밤샘을 하며 이야기꽃을 피웠다. 그런데곤란하게도 옆집 아저씨는 일찍 자고 일찍 일어나는 생활을 하는 데다화도 잘 냈다. 한밤중에 "시끄러!" 하는 고함 소리와 함께 물건이 깨지거나 유리창이 깨지고 아저씨가 유리에 손을 베어 피를 흘리기까지 하는 사건이 종종 일어났다. 그런 환경에서 몇 년을 살다 보니 소리만 나면 움찔하고 몸이 졸아들게 되어버렸다.

"있지, 그거 시끄러워. 조심해."

나는 무심결에 이렇게 말했다. 그 한 마디가 우리의 기념할 만한 첫 부부싸움의 원인이 되었다.

고양이 "그런 말 해봤자 난 몰라!"

거북이 "하지만 지금 소리는 제법 컸어. 다른 사람에게 폐가 되잖아."

고양이 "내가 모르는 걸 놓고 신경 쓰거나 주의할 수는 없어."

거북이 "당신은 그걸 모를지 모르지만 소리가 났으니 말한 것뿐이야."

고양이 "그럼, 늘 나 자신이 어떤 소리를 내는지 걱정하면서 살아야
　　　하는 거야? 그런 건 싫어."

거북이 "이 세상에는 이웃에서 나는 소리에 신경 쓰는 사람이 꽤 많
　　　아. 상대가 그것 때문에 화를 내거나 하면 어떻게 할 거야. 주
　　　의를 하는 게 좋잖아."

고양이 "난 보통으로 살고 있을 뿐이야. 그런데 왜 불평을 들어야 하
　　　는 거야?"

거북이 "그 사람한테는 시끄러우니까 그렇지."

고양이 "농인은 조금 시끄러운 소리를 내도 할 수 없어. 아이들이 소

리를 내면 '시끄럽지만 어쩔 수 없지' 하고 그냥 지나쳐주면서 농인한테는 어째서 안 된다는 거야? 뭐야, 그 차이가?"

거북이 "어른이라면 스스로 주의를 하는 게 당연하다고들 생각하니까 그렇겠지."

고양이 "그게 청인의 독단이라는 게 내 주장이야."

거북이 "으응, 뭐 그렇긴 하지만……. 무슨 일이 일어날까 봐 걱정돼서 그래."

고양이 "앞으로도 계속 그렇게 말할 거야? 매일매일 숨죽이고 살아야 하는 거야? 그런 건 싫어! 농인을 하나도 이해하는 게 아니잖아. 계속 이럴 거라면 난 이 집에서 나갈 거야!"

새 집에 이사한 첫날 집을 나가면 곤란하므로 우선은 사과를 하고 "두 번 다시 소리에 대해 주의 주지 않는다"는 약속을 하고 그날은 그대로 넘어갔다.

'소리 = 움찔' 하는 몸에 밴 습관은 금방 고쳐지지 않았다. 실은 그 뒤로도 때때로 소리가 신경 쓰이는 적이 있었다. 다만 그걸 아무 생각 없이 상대에게 전하면 "매일매일 숨을 죽이고 살아라" 하고 명령하는 것과 마찬가지가 된다는 걸 알고, 소리를 사용하지 않고 사는 농인에게는 그런 말이 가혹할 수도 있겠다고 생각했다. 그래서 조금 참는 것도 필요하겠다 싶어 말하지 않았다. 그렇게 지냈더니 언제부터인가 드디어 나 자신도 별로 신경이 쓰이지 않게 되었다. 이제 와서 돌이켜보니 역시 전에 살던 집의 환경이 지나치게 유별났던 것 같다.

다만 딱 한 번 이 문제가 갑자기 재연된 적이 있다. 어느 날 귀가했더니 아파트 문에 무명씨가 쓴 메모가 꽂혀 있었다.

"문을 조금만 조용히 닫아주시지 않겠습니까! 부탁드립니다."

이걸 보고 움찔했다. 부부싸움을 했던 기억이 생생하게 되살아났다. 그때는 내 마음속에 봉인하는 것으로 일단락된 셈이었는데 이번에는 밖에서부터 우리 집안의 평화를 흐트러뜨리는 일이 갑자기 일어난 것이다. 누가 썼는지 알 수 없는 무신경한 메모…….

그때는 나도 '농인은 소리가 좀 큰 법이야' 하는 견해로 완전히 기울어져 있었으므로 고양이에게는 불평을 늘어놓거나 주의를 주지 않았다. 다만 그 후 대응을 어떻게 할지가 문제였다. 이리저리 조치를 취해 해결할 수 있는 일이라면 아무도 모르게 처리하고 싶었다. 아파트 관리인에게 사정을 얘기하면서 조사를 의뢰하고 동시에 문에 소음 쿠션을 붙이기로 했다.

귀가 들리는 사람이란 정말로 성가시구나……. 그 사실을 나 자신이 실감한 사건이었다. 그날 밤 지칠 대로 지쳐 눕는데, 고양이가 했던 혼잣말이 기억났다. 요란했던 첫 부부싸움의 와중에 한 말이었다.

"세상 사람이 모두 농인이라면 이런 성가신 일이 없을 텐데……."

어느 날 신문에서 '아파트 이웃 살해 사건'이라는 기사를 봤다. "옆집은 노상 시끄러워" 하고 격노한 남자가 이웃 사람을 때려 죽였다. 실은 그 옆집에는 난청인이 있어서 가족들이 큰 소리로 말했던 것이다. 기사는 사건 개요만을 담담하게 서술했다. 나는 내 체험이 아직 생생하게 남아 있었을 때이므로 그걸 읽고 한기를 느꼈다. 세상 사람이 모두 농인이라면 일어날 수 없는 사건. 소리가 들려서 일어난 비극.

지금까지 이야기를 종합하자면 요점은 이렇다. 귀가 들리는 입장에서 보자면 농인은 '시끄러운 소리를 내는 막돼먹은 사람'이다. 거꾸로 귀가 들리지 않는 사람 입장에서 청인은 '소리에 대해서 이상할 정도로 신경질적인 사람'이다. 결국 서로 가치관이 다를 수밖에 없다.

그러나 이렇게 설명한다고 현실이 바뀌지는 않는다. 서로 다른 두 가치관이 충돌했을 때 제멋대로 할 수 있는 건 어느 쪽일까. 당연히 수가 많은 청인 쪽이다. 청인은 자신의 기준에서 벗어난 일에 대해 거침없이 불평을 해댄다. 나도 그런 제멋대로인 청인이었기에 그 실태를 잘 안다.

한편 농인 쪽은 상대가 말하는 걸 참거나 주의하거나 '난 상관없어'

하고 못 들은 척할 것이다. 하지만 역시 조금은 신경을 쓸 수밖에 없을 것이다. '화가 나지만 현실은 현실이니까' 하면서 청인의 생태를 예측하고 적당히 절충해나간다. 농인은 모두 그렇게 산다.

우리 집에서만이라도 맘 편히 지내자는 심정으로 지금도 첫날의 약속을 계속 지키고 있다.

제2장

들리는 세계 속에서

칼럼(2) **농인과 구화**

고대 그리스의 문헌에도 농인들이 수화로 이야기하는 모습이 기록되어 있다고 합니다. 수화라는 언어는 시대와 나라의 경계를 넘어 늘 농인과 함께 있었던 것 같습니다. 농인들 자신이 만들어낸 수화는 농인에게 가장 잘 맞는 자연스러운 언어입니다.

그런데 19세기 이후 많은 나라에서는 농교육의 목표를 농아(聾兒)들에게 익숙하지 않은 음성언어로 이야기하게 하는 데 두었습니다. 농인이 소리를 내고 대화 상대의 입 모양을 보고 무슨 말을 하는지 이해하는 방법(구화)은, 훈련하는 데에만 몇 년이 걸립니다. 더군다나 구화로는 상대가 말하는 것을 100퍼센트 알 수는 없습니다. 청인에게는 편하지만 농인에게는 결코 상대방과 대등하게 대화할 수 있는 방법이 아니며 고통을 동반하는 경우가 많습니다.

나아가 구화법 교육은 청인이 농인에 대해 당연하다는 듯이 구화를 요구하는 악습을 사회에 널리 퍼뜨렸습니다. 농인에게 구화를 요구하는 것은 가장 예의에 어긋나는 행위이며 본인이 원하지 않는 한 결코 해서는 안 되는 일입니다.

농인과 청인이 대등하게 이야기하기 위해서는 우선 서로 상대의 언어를 존중하고 양쪽 모두 기분 좋게 얘기할 수 있는 방법(필담을 하거나 수화 통역을 통해 이야기하는 등)을 생각해야 합니다. 물론 수화로 말한다면 더욱 대등하게 다가갈 수 있겠지요.

아침부터 '?'

　어느 쉬는 날 아침에 있었던 일이다. 거북이도 할 일이 없었고 나도 학교 수업이 없어서 오래간만에 함께 쉬는 날이었다.

　나는 '요리하지 않는 아내'를 표방하지만 아침밥은 의외로 그럭저럭 준비하는 편인데…… 물론 매일은 아니다. 그날은 아침도 아니고 점심도 아닌 미묘한 시간이라서 브런치가 되었다. 빵이 다 떨어졌고 쌀도 씻어놓지 않았기 때문에 파스타를 하기로 했다. 그 밖에 여러 가지 것들을 이렇게 저렇게 만들어놓고 보니 식탁이 가득 찼다. 이만하면 우리에게 완벽한 식탁이 차려진 걸 보고 감동한 나머지 불쑥 말했다.

　고양이 "풀코스구나. ♬"(소리)

　그러자 그렇게 봐서 그랬는지 거북이의 얼굴이 갑자기 굳었다.

　거북이 "뭐? 당신 지금 뭐라고 했어? 수화가 아니라서 못 알아듣겠어!"

고양이의 소프트한 목소리는
가끔 하드한 오해를 낳는다.

— 고양이, 살짝 흥이 깨져서 그 뒤로는 수화를 한다.

고양이 "아침부터 커피만이 아니란 얘기지. 여러 가지가 다 있어서
  '풀코스'라고 했어."

거북이 "뭐야, '풀코스'라고……."

고양이 "어째서 그런 말도 못 알아들어? 뭐라고 들린 거야?"

거북이 "'홀로코스트'라고 들렸어. 깜짝 놀랐어!"
고양이 "그게 아침부터 할 소리야? 홀로코스트라니. 상상을 해, 좀!"

소리로 말한 것에 딱히 의미 부여를 하지는 않았다. "왜 수화를 안
하고?" 해도 "글쎄, 내가 왜 그랬지?" 하는 수밖에 없었다. 전부터 그랬
는데, 거북이한테는 신기하게도 내 발음이 통하기 어려운 모양이다. 처
음부터 수화로 하면 됐겠지만 양손에 접시를 들고 있었다. 다음번에는
'풀코스'라고 말하고 싶다. 하지만 '풀코스'라고 말하고 싶어! 라고 절
규할 만큼 간절한 것은 아니다. 슬쩍 말하고 싶다. 그런 느낌이다. 하지
만 영어에서 따온 말은 수화로 할 때 한 단어로 표현할 수 없는 경우가
꽤 있다.

농인 열 명을 불러 모아놓고 '풀코스'를 수화로 표현하라고 해보면
분명 제각각일 거다. 각자 하는 수화를 보면서 대충 '풀코스'를 말하는
거구나, 하고 짐작해야 할 것이다. 그건 결코 한 가지로만 표현되지 않
는다. 어떤 표현이 맞는지 정할 수도 없다. 그렇기 때문에 나도 두 번째
말할 때는 눈앞에 있는 접시를 '이것도' '저것도'라고 손가락으로 가리
켜서 '전부 있다'고 설명을 하는 식으로 표현했다.

얼마 전 나온 책을 보니까 "그것이 수화언어가 가진 특유의 도상성
(圖像性)입니다"라나. 이렇듯 거창한 말로 쓰여 있지만 가끔은 수화를
배우는 청인이 "수화는 단어가 적어" 하고 말하는 마음을 알 것 같기도

하다. 물론 "표정, 손의 움직임, 방향으로 의미가 변하기도 하니까요"라고 설명을 하지만, 외래어를 표현하는 일본 수화의 어휘가 너무나 적다는 걸 마음속 깊은 곳에서 절절히 느낀다. 그래서 나는 집안에서 수화로 소통할 때는 영어에서 차용해온 말을 미국 수화로 하는 경우가 있다. 예를 들어 '치즈'라는 수화가 그렇다. 일본어 수화에 외래어에 대응하는 수화가 좀더 많았으면 좋겠다.

집에서 하는 수화

'농인'이라고 하면 '음성언어를 못한다'는 점에서 불리하다고 받아들이는 사람부터 "농인도 훈련하면 말할 수 있다"고 구화주의를 주장하는 사람, '농인은 수화라는 언어를 갖고 있다'며 긍정적인 생각을 하는 사람까지 다양하다. 거북이와 살림을 차리고 나서 여러 가지 경우를 접했다. "청인과 결혼했어"하면 "집안에서는 수화로 얘기해?"라고들 묻는다.

집에서 쓰는 공통언어는 수화다. 이건 '바퀴벌레는 거북이가 퇴치한다'는 것과 함께 같이 살기로 할 때 거듭 확인해 정해놓은 원칙이다. 거북이는 고양이가 음성으로 말을 하면 깜짝 놀라서 30센티미터는 튀어오른다.

어제도 그런 일이 있었다. 내가 카우치소파에서 뒹굴면서 "어—이." "거북이—" 하고 소리 내어 불렀더니 거북이는 깜짝 놀라 튀어 올랐다.

거북이 "뭐야? 심장이 멈췄잖아! 수명이 3년은 줄었겠네!"
고양이 "뭐라고~? 어째서 그렇게 허구한 날 놀라는 거야."

거북이 "소리에는 익숙하지 않으니까 그렇지."

고양이 "익숙해지면 되잖아. 고양이는 이런 목소리라구."

거북이 "소리 낼 때 적절히 컨트롤이 안 돼?"

여기서 말하는 컨트롤이란 소리의 상태라든가 소리의 크기라든가 뭐 그런 건가 보다. 청인은 그 자리에 맞는 이야기 방식을 자연스럽게 선택하는 모양이다. 내가 목소리를 내어 말하면 일방적으로 소리를 한 덩어리 털썩 내던진 것 같은 기분이 들어서 대화의 분위기를 망친다나.

고양이 "농인한테 그런 것까지 바라는 거야?"

거북이 "그러니까 수화로 얘기하면 되잖아. 그게 자연스러워!"

이러한 대화는 모두 수화. 부부간에 대화가 있다는 건 이런 거겠지. 별 거 아닌 얘기를 주고받는 것. 나는 청인 부모 아래서 자랐고 수화가 집안 언어로 채택된 적이 없었다. "수화를 할 수 있다"고 하려면 간단한 단어 정도를 표현하는 것만으론 안 된다. 간단한 단어만으로는 복잡다 단한 얘기를 할 수 없다. 지금처럼 거북이와 수화로 온갖 것에 대해 대화를 주고받으며 살다가 '얘기하고 싶은 것이 있으면 메모로 써놓는' 이전의 생활방식으로 돌아갈 수는 없을 것 같다.

최근에 소리를 낸다, 안 낸다를 놓고 자주 이러쿵저러쿵 부딪쳤다.

아마도 바깥세상의 영향 때문에 그런 걸 거다. 통계로는 일본 인구 약 1000명 가운데 한 명이 농인이라고 한다. 대학생의 경우는 농인 학생의 수가 그 비율보다 더 적다. 수화가 통하지 않는 세계에 있다 보면 수화로 얘기할 수 없는 것 또한 당연하다. 그러다 보면 자기도 모르는 사이에 수화의 가치를 스스로 낮춰 보게 된다.

"대부분의 청인은 수화를 모른다."
"그러니까 수화를 배워도 의미가 없다."
"수화보다 구화를 익히자."

이러한 삼단논법으로 마인드 컨트롤을 해 나 스스로를 구화주의자로 돌려놓는 일이 혹시라도 생길지 모른다. 위험하다, 위험하다. 수화를 소중히 여기자.

목소리와 수화의 구분

집안에서 대화는 기본적으로 수화로 한다. 고양이는 오사카에서 자란 농인이어서 오사카 수화를 쓴다. 나는 교토, 오사카 지역의 수화와 NHK 화면에 나오는 표준 수화가 뒤섞인 수화를 쓴다. 우리는 보통 이런 언어를 사용하면서 산다.

우리의 대화가 100퍼센트 수화만으로 이루어지는 것은 아니다. 나는 일관되게 수화로 말하지만 고양이는 수화로 하기도 하고 소리를 사용하기도 한다.

고양이가 목소리로 말하는 경우는 우선 내가 조금 떨어진 곳, 가령 부엌에 있을 때다.

"있지—, 거북 씨!" "있잖아—."

오사카 여자인 고양이가 나를 부르는 소리는 "있지—"다. 농인끼리 사람을 부를 때에는 보통 어깨를 두드린다. 우리도 가까우면 어깨를 두드린다. 그러나 거리가 떨어져 있을 때 고양이는 소리를 사용한다. 이건 내 쪽에서는 쓸 수 없는 방법이다. 우리 집에서는 고양이에게만 허용된, 나는 사용할 수 없는 '날아다니는 무기'다.

고양이가 목소리를 내어 말하는 경우, 두 번째. 고양이는 영화나 텔레비전에 영향 받기 쉬운 성격이라서 마음에 드는 말이 나오면 몇 번이라도 질릴 때까지 소리를 내어 반복한다.

"네놈 따위가 날 우습게 봐? 절대 용서 안 해!(웃음)"

이럴 때 나는 대충 악역으로 세워진다. 고양이는 영화 대사를 그대로 해보고는 기분이 좋은 모양이다. 한편 나는 목소리로 말해봤자 대화가 성립되지 않으므로 일본어 대응수화(199쪽 칼럼(4) 참조)로 하든가 어쨌든 수화로 번역해야 한다. 이런 부분이 조금 어렵다.

이처럼 고양이는 일본 수화만이 아니라 때때로 음성 일본어도 사용한다. 상대방인 내가 귀가 들린다는 이유로 두 언어를 다 사용하는 특권을 누리는 것이다. 우리 집안에 한해서 말하자면 언어의 선택지가 많은 것은 청인인 내가 아니라 농인인 고양이다.

오래 같이 지내면서 조금 흥미로운 점을 알게 되었다. 고양이가 반드시라고 해도 좋을 정도로 목소리를 절대 내지 않고 순전히 수화만으로 얘기하려는 때가 있다. 하나는 화가 나서 불평을 할 때이고 또 하나는 꿈 얘기를 할 때다.

저녁밥을 먹으면서 오늘 하루 어떻게 지냈는지 이런저런 얘기를 나눈다. 평온한 이야기를 할 때면 목소리가 섞이기도 한다. 하지만 "이런 화나는 일이 있었어!" 하고 격분해 얘기할 때는 맹렬하게 손 얘기로 돌입한다. 화가 났던 일을 얘기하는데 손놀림이 너무나도 매끄러워서 그만 나도 모르게 감탄스럽다는 표정을 짓는다. 이럴 때 고양이는 "당신 뭘 히죽히죽 웃는 거야! 나는 화가 나서 미치겠는데!" 하며 나한테 화를 낸다.

또 하나는 꿈 이야기다. 고양이는 "방금 이런 꿈 꿨어" 하고 꿈 이야기를 하기 좋아한다. 꿈 이야기에 소리는 전혀 나오지 않는다. 꿈은 음성이 없는 순수한 시각의 세계이기 때문일까. 그래서 꿈 이야기를 할 때는 자연히 수화만으로 하는 건가, 하며 바라본다.

꿈에서 깨어 하루가 시작되면 음성과 마주쳐야 하는 현실의 세계로 들어간다. 청인들에 둘러싸여서 지내는 고양이는 소리로 이야기하거나 우리말 어순에 따른 대응수화로 이야기해야 한다. 한낮의 바깥 세계에서는 고양이에게 언어 선택권이 없다.

밤에 귀가한 고양이가 목소리와 일본어 대응수화로 얘기를 하는 때가 있다. 청인들에 둘러싸여 지내다 보니 소통의 스위치가 완전히 '음성' 쪽으로 돌아간 것이다. 힘이 들어가 있고 자연스러운 느낌이 들지 않아서 그때마다 왠지 마음이 아프다.

그러다가 저녁식사 테이블에서는 '농인의 감정 폭발 모드'로 스위치가 전환되어 맹렬하게 하루의 불만을 수화로 얘기한다. 이렇게 하루하루가 지나간다. 고양이를 둘러싼 언어 환경은 집안과 밖이 너무나도 다르다. 그녀의 언어 전환은 계속될 수밖에 없다.

고양아, 오늘 하루 수고했어. 오늘 밤에는 좋은 꿈꿔.

봄의 악몽

　4월. 꽃샘추위가 몰아치던 어느 날 밤 꿈을 꿨다. 악몽이었다. 눈을 떴을 때 기분이 불쾌하고 온몸이 땀에 흥건히 젖어들었다. 줄거리를 말하자면 '아무것도 모르는 청인을 상대로 크게 격분한' 꿈이었다. 그래, 꿈에서만이 아니라 현실 세계에서도 때때로 그런 일이 있지.

　상대는 잘 모르는 젊은 남성 청인, 분위기로 보아 대학생. 꼬치꼬치 이치만 따지는 데 능하고 무슨 말에도 바로 반론을 펴는, 태어날 때 입부터 먼저 나온 것 같은 사람. 고양이와 나와 이 대학생, 이렇게 셋이서 식탁을 둘러싸고 서 있었다. 식탁에는 여러 가지 맛있는 음식이 놓여 있었던 것 같고.

　거기서 그 대학생이 나한테 이런저런 얘기를 하며 시비를 걸어왔다. 고양이는 옆에서 잠자코 있었다.

　— 이하, 대학생은 입만으로, 나는 일본어 대응수화로.

대학생 "결국 농인은 쓸 수 있는 게 수화밖에 없으니까 필요한 거죠.

어쩔 수 없잖아요. 수화밖에 없으니까. 수화는 농인에게 필요성이 있는 거죠."

거북이 "뭐야 그 말투는. 필요, 필요 하고 몇 번이나 같은 말을 반복하는 건 뭐야. 수화는 농인의 언어야. 그뿐이라구. 농인을 바보 취급하지 마."

대학생 "당신들, 결혼했다는데 설마 결혼식에서도 수화를 썼나요?"

거북이 "당연하지. 그게 어때서?"

대학생 "네에? 결혼식장에서 수화를 쓰다니, 정말 이상했겠네요."

거북이 "그만해. 스페인 사람이 스페인어로 결혼식을 하는 게 이상한 일이야? 이탈리아 사람이 이탈리아어로 결혼식을 하는 게 우스워? 농인이 수화로 하는 게 뭐 어때서! 그걸 우습게 보는 놈들은 초대도 안 한다."

대학생 "하지만 그래도……. 하하하.(냉소)"

거북이 "웃어?"

그 순간 나는 손에 들고 있던 유리잔을 상대 대학생을 향해 던졌다. 유리잔은 그의 가슴께에 세게 부딪혔다. 물이 사방으로 튀었고 잔은 바닥에 떨어져 깨졌으며 그 대학생은 사라졌다.

나는…… 거기서 잠이 깼다.

일어났을 때 미열이 있었다. 그러니까 열 받았던 거다. "스페인 사람이 스페인어로"라, 격노한 사람치고는 논리적인 대사를 구사했군. 나 스스로도 씨익 웃고 말았다. [스페인]이라고 수화로 고함을 칠 때 오른손이 왼쪽 어깨에 세게 부딪혔는데 그 감각이 그대로 남아 있었다.

참고로 나는 현실 세계에서는 화가 난다고 물건을 던지거나 하지 않는다. 화가 나도 오로지 말로 따지는 타입이다. 그런데 꿈속에서 이런 선명한 폭력 장면을 연출하는 건 어째서일까. 그리고 거꾸로 보통 때는 성질이 급한 고양이가 꿈속에서만큼은 얌전한 모습을 보인 건 어째서일까.(웃음)

이것저것 현실에서 일어난 사건들을 돌이켜봤지만 이 꿈속의 인물에 해당되는 모델은 없었다. 지금까지 만난 여러 청인의 실제 언동이 조금씩 끼워 맞춰져 만들어진 인물인 것 같다.

나는 농인과 관계가 없는 청인들과 만나서 농인에 대해 이야기하는 일이 자주 있다. "가족 분은요?" "하시는 일은요?" 등등 아무 생각 없이 던지는 질문으로 시작된 대화가 농인에 관한 화제로 급진전하는 거다. 별로 즐겁지 않은 일이다.

"수화는 몸짓이니까 재밌을 것 같아요."

"수화는 세계 공통이라 편리하겠군요."

"농인은 모두 입의 움직임을 보고 회화를 할 수 있다지요."

많은 사람들이 이런 오해를 한다. 그렇게 말하는 사람은 물론 결코 나쁜 마음에서 그러는 건 아니다. 하지만 나는 이러한 오해의 말을 싱글 벙글 웃는 얼굴로 고개를 끄덕이면서 듣고 넘어갈 수가 없다. 그래서 정색을 하고 세세하게 해설을 하게 된다.

"수화는 고유의 문법을 가진 언어예요. 몸짓도 아니고 음성언어를 그대로 옮기는 수단도 아닙니다. 수화를 학습하는 건 일반 어학을 공부하는 것과 똑같이 힘들어요. 수화만을 사용하는 대학이나 학회도 있습니다. 만약 수화가 단순한 몸짓이라면 그런 건 불가능하죠."

"현재 세계에는 적어도 112종의 수화언어가 있다고 알고 있습니다. 수화는 각 지역의 농인들 사이에서 자연스럽게 생겨나 오랜 세월 이어져온 언어입니다. 누군가가 고안하여 퍼뜨린 기호가 아니므로 '세계 공통으로 하면 좋았을 텐데' 하고 생각하는 건 농인에게 실례를 범하는 거지요."

"농인에게 구화를 강요해서는 안 됩니다. 대부분 농인들에게 구화는 상대방과 대등하게 얘기할 수 있는 방법이 아닙니다. 필담이라든가 수화 통역을 권합니다."

가볍게 시작했던 술자리가 대학의 세미나처럼 돼버린다.

반응은 두 타입으로 나뉘는 것 같다. 하나는 호기심 왕성 타입. "그래요, 그랬군요! 그럼 미국은 어떤 수화인가요?"라고 이야기에 빠져들어 자꾸만 질문을 한다. 이해해주는 건 고맙지만 그렇게 되면 나의 '강의'가 더 길어져서 그건 그것대로 사람을 지치게 한다.

두 번째는 반론 타입. "하지만요, 내가 아는 범위에서는 농인은 상당 부분 구화를 할 수 있던데요" 등등 묘하게 고집을 부리면서 반론을 펼치는 사람들이 있다. 그렇게 되면 나도 거기에 끌려들어가 그런 오해를 격파할 때까지 계속 논쟁을 하다가 결국은 어색한 분위기로 자리를 끝내기도 한다. 이건 정말 지치는 일이다.

어느 쪽이든 간에 나한테는 매번 반복되는 일이다. 분명히 말해서 재미없다. 하지만 내버려두면 사회는 변하지 않는다. 그러므로 다시 처음부터 설명을 반복한다.

참고로 농인들은 이럴 때 '아, 또구나, 저 사람 청인이지' 하는 식으로 냉정하게 넘어가는 경우가 많은 모양이다. 매번 이런 일에 맞닥뜨릴 것이므로 얼마나 지겨울지 상상이 간다. 그러나 나는 청인인 만큼 주위의 청인들의 몰이해한 발언이 전부 내 귀에 직접 들려온다. 이러한 상황에서 내가 할 수 있는 건 청인 사회에 조금이라도 오해를 바로잡을 수 있는 씨앗을 뿌리는 일이다. 그러한 사명감 덕분에 지치지 않고 이런 대화를 반복한다.

4월, 입학과 이동으로 새로운 만남이 많은 계절. 환영회니 벚꽃놀이니, 행사에 참가할 때마다 가벼운 우울증을 느끼곤 한다.

거북이 "처음 뵙겠습니다."

상대 "하시는 일은요? 가족 분은요?"

거북이 "작년에 아프리카의 수화를 조사하러 갔었습니다. 참고로 말
　　　쏨드리자면 제 아내는 농인입니다."

상대 "아이구, 수화라구요! 재미있겠군요. 나도 몸짓에 흥미가 있어
　　　요."

거북이 "잠깐."

(……아, 또 시작됐군.)

그날 밤 꿈에서 만난 대학생은 어쩌면 봄마다 갖게 되는 조금 귀찮
은 만남의 상징이었을지도 모른다.

구화가 상대에게 한 걸음 다가가는 것?

자주 듣는 말이 있다.
"구화를 하면 사람들에게 한 걸음 더 다가갈 수 있어요."

잠깐만.
목소리를 내는 게 '한 걸음 다가가는' 거라구?
강제한 건 아니었나?

자신의 목소리를 듣지 못하는 사람이 목소리로 말을 하는 게 어떤
건지 아는가. 그건 결코 편하지 않다. 어떻게 표현해야 좋을지 모르겠
다. 고양이는 태어나면서부터 농인이었으니까 나중에 청력을 상실한
경우하고는 좀 다르다. 다른 장애인의 경우를 예로 들고 싶지는 않지만,
휠체어를 쓰는 사람에게

• 필요하다면 손잡이나 지팡이를 이용해서(필요하다면 보청기나 인공
  내이를 사용해서)

- 비틀거려도 괜찮으니까(발음이 불분명해도 괜찮으니까)
- 자신의 발로 걸으세요.(스스로 얘기하세요.)
- 그것이 상대에게 한 걸음 다가가는 것입니다.
- 휠체어를 고집하면 건물을 개축해야 해요.(수화만 고집하면 통역을 준비해야 해요.)
- 그러려면 돈이 듭니다.

라고 말하는 것과 같다. 음, 좀 다를지도 모르지만, 내가 생각해도 잘 말했다. 실제로 휠체어 사용자에게 그렇게 거친 말을 하는 사람은 '거의' 없다. 그런데 농인에게는 그런 거친 말을 하는 사람이 '제법' 있다는 거다. 이건 참 수수께끼다. 정말로 신기하다. 눈으로 보고 알 수 있는 장애와 보는 것만으로는 알 수 없는 장애를 대하는 데 차이가 있는가 보다.

애당초 음성으로 얘기한다는 건 자신의 목소리가 들릴 때 가능한 것이다. 수화통역사에게서 "농인이 구화를 하는 건 사람들에게 한 걸음 다가가는 일"이라는 말을 들었을 때에는 이 나라 통역사의 수준을 의심할 수밖에 없었다. 수화통역사 시험에 '농인에게 구화를 부탁하는 게 예의에 벗어나는 일'인지 아닌지를 묻는 설문을 내놓기 바란다. 미국에서는 그런 것을 가르치는 교육적 문장이 있었다.

Never ask Deaf people to speak/read-lips unless they wish.
(농인 자신이 원하지 않을 때에는 절대로 구화를 요구하지 마십시오.)

통역사 양성에는 이러한 교육도 필요하다고 본다. 농인은 구화를 하니까 수화와 동시에 반드시 구화를 하도록, 하고 가르치면 자칫 오해가 생긴다. 어디까지나 수화가 우선이다.

디지털 보청기 이야기

좀처럼 하지 않는 보청기 이야기. 내 청력은 상당히 '나쁘다'. 가지고 다니는 아날로그 보청기를 하고 토플 시험을 보러 갔는데 코앞에서 얘기하는 시험 감독관의 목소리가 전혀 들리지 않았다. 가까이에서 "안경을 벗어주세요" 하고 말하는 것도 못 알아들었다. 듣기평가 시험에서는 볼륨을 최대한 크게 해도 소리가 전혀 들리지 않았고 되레 무음 상태일 때 가끔 '슈르르' 하는 이상한 고음이 났다.

그런 내가 최근에 맘먹고 청력 검사를 받았다. "청력 검사를 한다구?" "뭣 땜에 검사를 받는데?" 하는 의문에 찬 소리를 등 뒤에 들으면서……. 등에 대고 말해봤자 내가 알아들었을 리 없으니, 이건 그저 해본 소리일 뿐이다.

검사 결과 소리의 출력을 너무나 크게 해서 기계의 퓨즈가 나갔다는 것이다. 기계가 쇼크 상태에 빠진 모양이었다. 내 귀는 현재의 발전된 기술로도 보청기로는 효과를 볼 수 없을 거라는 말을 들었다. 그럼 인공내이 수술을 해야 하나? 아니, 거기까지 할 마음은 없다.

한편으로는 디지털 보청기로 최대 출력까지 가봅시다! 하는 쪽으로 얘기가 진행됐다.

실은 일본은 미국하고 청력 검사 방식이 크게 다르다. 물론 기본은 같아서 '들리면 손에 들고 있는 버튼을 누른다'. 뭐가 다른가 하면, 일본은 청력을 상당히 세심하게(집요하다고 할 만큼) 한계점까지 검사한다. 조금이라도 들리면 다 체크한다. 농인이 검사 음을 듣다가 '확신은 없지만 들린 것도 같다' 싶어서 누르는 것까지 다 체크한다. 이렇게 되면 피검사자는 이 소리가 '귀 울림인가?', '진짜 소리인가?'를 구별할 수 없는 상황에까지 몰린다. 그렇게 한계점까지 체크해 '희미하게 들렸는지도 몰라' 하는 수치까지 기입한다.

한편 미국에서는 '지금 건 소리가 났어' 하고 제법 확실하게 알 수 있는 음만 기입하는 것 같았다. '혹시 지금 것이 귀에 들린 소리인가?' 하고 망설이면서 버튼을 누르면 대충 무시한다.

"하지만 왜 이제 와서 보청기를 하려는 거야?" 하는 말을 들을 것 같다. 보통으로 살아가는 데에는 보청기가 없어도 된다. 나도 신경을 소모시켜 있는 대로 지치게 만들 거면 없는 게 차라리 낫다고 판단해 보청기를 귀에서 뺐었다. 3, 40만 엔 하는 최신형 보청기를 구입해봤자 말을 못 알아듣는다면 그 돈을 다른 데 쓰는 편이 낫다고 생각해왔다.

그런데 대학생활을 하다 보니까 100퍼센트 들리지 않는 핸디캡이라는 게 정말로 굉장했다. 특히 영어 수업은 소리를 못 알아들으면 이해할 수 없는 커리큘럼으로 되어 있고 그런 만큼 압박감도 아주 크다.

포기하고 낙제할까?

소리를 조금이라도 건질 수 있다면?

100퍼센트 안 들렸던 것이 95퍼센트로 된다면?

90퍼센트가 된다면?

들리지 않는 탓에 상상력이 발달한(너무 지나치게 발달했나?) 나에게 듣는 능력이 5퍼센트라도 주어진다면 그건 커다란 수확이다. 5퍼센트 만큼 확대 해석해 응용할 수는 있을 게 아닌가. 보청기를 사용 안 한 뒤 로 오래간만에 이런 생각을 하게 되었다. 그동안에 기술 혁신이 진행되 었는지 보청기의 주류가 아날로그에서 디지털로 옮겨갔다. 난청이라 도 효과를 기대할 수 있다는 얘기를 듣고는 나도 한 번 시도해보고 싶 어졌다.

또한 보청기 업계에서는 '농'이라는 표현을 안 쓰고 '고도 난청'이라 는 용어를 쓴다. 청력 레벨이 100데시벨*이라도 보청기 얘기를 할 때는 '고도 난청'이라고들 한다. 들리는 사람은 이런 사실을 모르므로 '농'과 '고도 난청' 사이에 청력의 차이가 있는 줄 안다. 수화를 거부하는 구화 주의자가 아닌 한 100데시벨이라면 '농'으로서 살아가야 하는 수치인 데 말이다.

결국 한쪽 귀에 대해서만 디지털 보청기를 신청하기로 했다. 샘플로 파워풀한 외제 디지털 보청기를 시도해봤더니 장롱 속에 처박아둔 아날로그 보청기보다 훨씬 좋았다. "소리에 익숙해지면 구화와 함께 말을 알아들을 수 있게 돼요"라고 하는데 문제는 보청기로 들어오는 불완전한 소리와 구화(여기서는 read-lips)를 대조하며 무슨 얘기를 하는지 추측하는 작업이 신경을 몹시 갉아먹는다는 점이었다.

'아주 작고, 게다가 왜곡된 소리의 조각들'을 어떻게 활용할지는 나 스스로 결정할 거다. 매일매일 구화를 하기 위해 온 신경을 집중해야 한다는 건 끔찍하다.

현대의 발달한 그 어떤 기술을 다 모아도 완전히 청인 수준으로 들을 수는 없다. 사람들이 나와 구화법만으로 대화하기를 기대하는 건 나로선 기분이 안 좋은 피곤한 일이다. 인공내이를 해도 마찬가지다. 귀가 들리는 사람은 농인이 인공내이를 삽입하면 청인 수준으로 들리는 줄 아는 모양이다. 보청기에 대해서도 한때 그런 신화가 두루 퍼졌었는데, 청인 수준이라는 건 '있을 수 없다'.

또 집에서는 거북이가 결코 내게 구화를 하라고 압박하지 않는다. 청각 활용에 대해 긍정적으로 생각하게 된 건 이러한 환경 덕분이라고 생각한다. 만약 집안에서 거북이가 나에게 늘 구화를 하자고 했다면 나는 음성언어를 나를 억압하는 존재로 인식하고 계속 적대적인 감정을 가졌을 것이다.

일반 사람들은 보청기를 끼면 다 들리는 줄 안다. 내 귀로 소리가 날아드는 걸 깜빡 '들린다'고 대답했다가는 '들린다' = '말을 알아듣는다'

로 오해할 것이다. 이러한 오해가 지금까지 셀 수 없을 정도로 많았기에 신중할 수밖에 없다.

● 데시벨이란 청력 조사 때 사용되는 단위로 청력 레벨을 나타냅니다. 청인을 0데시벨로 놓고 청력 손실이 심할수록 수치가 커집니다. 70데시벨부터 신체장애인으로 인정받을 수 있습니다. 몇 데시 벨부터 수화를 언어로 삼는 농인으로 칠 것인가 하는 건 데시벨 수치로는 정할 수 없습니다. 80데 시벨에서 농인이라고 말하는 사람도 있는가 하면 100데시벨에서 난청인이라고 하는 사람도 있습 니다. 따라서 농인인지 아닌지에 대한 판단은 기본적으로 본인의 의사에 따릅니다.

부부별성의 빛과 그림자

우리 부부는 부부가 남편 성을 같이 쓰는 일본의 전통을 따르지 않고 각자 다른 성을 쓴다〔부부별성(夫婦別姓)〕. 그렇긴 하지만 나는 본래 부부별성론을 강하게 지지하지는 않는다. 부부별성론자여서 부부별성을 쓰는 것이 아니라는 얘기다. 세상에는 부부가 다른 성을 씀으로써 정신적으로 편해지는 여성이 많은 모양이다. "고양이, 잘했어!" "어서 빨리 부부별성이 법률상으로도 인정되면 좋겠어" 하는 말을 듣는다. 그러면 그런 바람을 그리 강하게 갖고 있지 않은 나는 '그건 아닌데' 하는 생각을 하며 우물쭈물 그 자리를 모면하곤 한다. 인간은 참 이상해서 누가 칭찬해주면 "이거 내가 시대의 최첨단을 걷는 건가?" "거 참 괜찮네" 하며 자신의 진짜 기분을 얼버무리기 십상이다.

"부부별성을 선택한 배경은 몰라도 돼……" 해버리면 이야기가 더는 진행되지 않을 테니 이 기회에 우리가 왜 그런 선택을 했는지 말하겠다. 나는 세상에서 흔히들 말하는 '장애인'이라는 종별에 속하는 사람인가 보다. 그래서 거북이와 결혼을 하려고 했을 때 거북이의 가족이 크게 반대했다. 가장 큰 이유는 결혼 상대인 내가 '장애인이니까'였던 모양이다. 우리는 우리의 결혼을 그렇게 반대하는 부모님의 성을 잇는 것이 싫어졌다. 그래서 함께 의논해 부부별성의 길을 선택하기로 했다. 정확히는 거북이 쪽이 새로 성을 지어서 사용한다. 그러면 주위에서는 또 "그럼 데릴사위야?" 하는 말들을 한다. 속으로 '그게 아닌데' 하면서도 겉으로는 "아, 그게 일본의 관습으로 보자면 그런 게 될지도 모르겠네요" 하고 분명치 않게 대답을 하곤 한다.

이러한 '어둠'의 사정을 모르는 세상은 '빛'의 부분으로 우리를 판단하려 든다. 즉 우리를 순수한 부부별성론 지지자로 여기는 거다. 뭐, 그거야 어쩔 수 없지. 세상 사람들에게 우리의 배경까지 이해해달라고 하지는 않겠지만 어쨌든 우리는 별성론 지지자라서 부부별성이 된 게 아니다. 장애인이라서 부부별성이 된 사정이 있는 만큼 다른 사람들이 '부부별성이라서 좋겠구나' 하는 동경의 눈빛으로 볼 때는 괴롭다.

사실 나는 페미니즘에 대해 깊이 생각해본 적이 없다. '여성의 권리는 이거다, 저거다' 하는 주장을 별로 좋아하지 않는다. 예를 들어 페미니스트들은 남자를 한 가정의 기둥이라고 부르는 걸 비판하는데, 남자라도 자신이 주부로 살고 싶다면 한 가정의 기둥이라는 말로 불리는 게 오히려 괴롭지 않을까? 또한 여성이기 때문에 차별받는 경우보다 농인이기 때문에 차별당하는 경우가 훨씬 많다고 느끼므로 여권론을 논하기 전에 우선 인간으로서 농인의 존엄을 지키기 위해 싸우는 일이 급하다.

별성 부부가 되고 나서 시간이 흐르다 보니 이상한 일들이 일어났다. 분명히 부부별성인데도 고양이의 성을 거북이의 성으로 바꿔 쓴 우편물이 도착하곤 하는 것이다. 보낸 사람이 솔직하게 "이름을 어떻게 써야 할지 몰라 망설였다" 하는 한마디를 덧붙인 경우도 있고 멋대로 바꿔 써서 보낸 사람도 있었다. 이건 참 흥미롭다. 우리는 부부별성이긴 하지만, 상대가 묻지 않는 한, 거북이와 고양이 둘 중 누구의 이름이 바뀌었습니다, 하는 세세한 데까지는 설명하지 않는다.

오호호, 실은 그렇지 않아요. 오해를 군이 바로잡지 않고 얼마나 오해를 하는지 한번 보자고 생각한 나는 계속 통계를 내고 있다. 지금까지로 봐서는 거북이가 고양이 성으로 바뀌었다고 생각해 거북이에게 고양이의 성을 붙여서 우편물을 보낸 사람은 제로다. 이렇게 오해란 건 흥미롭기도 하고 또한 슬프기도 하다.

흘려들을 수 없는 말

흘려들을 수 없는 말 (1) "농인은 농인과 결혼하고 싶다."

통계상 농인의 90퍼센트는 농인끼리 결혼하는 모양이다. 실제로 농인끼리 모여 있으면 "결혼한다면 농인하고 하는 게 좋아"라는 얘기가 나온다. "청인이랑 결혼하는 건 역시 좀 그래"라고들 얘기한다.

내가 결혼하기 전의 이야기.

지인 "결혼 상대로는 역시 같은 농인이 좋아."

고양이 "수화로 얘기할 수 있어 좋겠네. 그럼 누구 좋은 사람 소개 좀 해."

지인 (잠시 침묵) "곰곰이 생각해봤는데 고양이한테 어울리는 사람은 찾기가 좀 힘들어……."

고양이 "그거 무슨 뜻이야?!"

"결혼 안 하는 거 아냐?" 하는 말을 들어온 나였지만 지금은 거북이와 함께 살고 있다. 거북이는 청인이다. 우리가 안 보이는 곳에서는 "고양이는 청인하고 결혼했어" 하고 험담들을 하는지도 모른다. 그러한 기분의 반증인지 "청인과 결혼하면 통역을 부탁할 수 있으니까 편하겠네" 하고 비아냥거리는 말을 들을 때가 있다. 하긴, 농인과 결혼하면 통역 부탁은 못하지.

농인의 결혼 상대가 청인인 경우 청인 쪽 부모가 "농인과 결혼하다니 허락 못 해!" 하는 경우가 제법 많다. 거북이와 고양이는 "그럼 우리 맘대로 하겠습니다" 하고 결혼을 해 지금에 이르렀지만, "부모님이 하시는 말씀에도 일리가 있어……" 하고 헤어진 사람도 있다. 이건 도대체 뭐야, 하는 생각이 든다. 농인과 결혼하면 뭐가 그렇게 안 되는 거지?

귀가 들리지 않는 아이가 태어나면 곤란하다는 사람도 제법 있다. 얼굴을 마주보고 이런 말을 하는 사람은 별로 없다. 대부분 제삼자를 내세워 말하게 한다. 그러나 이건 상당히 무례한 태도다. 농인에게 "당신은 태어나지 않는 편이 좋았어요" 하는 거나 같다. 이렇게까지 말하지 않더라도 "아이가 태어나면 부모님과 관계도 회복할 수 있을 거야"라며 동정해주는 사람들이 있다. 실제로 그런 경우도 있을 것이다. 하지만 거기에는 '들리는 아이가 태어난다면'이라는 전제가 깔려 있다. 아이를 방편 삼아 인간관계를 회복하려 들다니, 난 그런 생각은 하지 않는다.

나는 과거에 청인인 남자와 그의 부모나 친지들에게서 그런 기색이 보이면 "아, 그래요. 알았어요. 바이바이" 하고 이별을 고했고, 그러고 난 후엔 농인 친구들에게 "그러니까 청인은 안 돼. 농인이랑 결혼하라 구" 하는 한탄 섞인 조언을 들은 적이 몇 번 있었다.

내가 농인과 결혼하지 않은 건 별다른 이유가 있는 것이 아니다. 그 것은 요컨대 타이밍의 문제였을 뿐이다. 농인끼리든 청인끼리든 아니 면 농인과 청인의 콤비든 서로 함께 살아도 좋겠다고 느끼는 타이밍이 맞지 않으면 결혼까지 가지 못하는 거니까.

흘려들을 수 없는 말 (2) "농인하고 결혼하고 싶지 않아?"

어느 날 모임에서 청인과 나눈 대화다. 모두 수화를 배운 사람들이 었다.

고양이 "이 중에서 농인이랑 결혼하고 싶은 사람은?"
청인 "농인과 결혼하고 싶지는 않은데요."
고양이 "왜, 왜 그래?"
청인 "농인은 농인과 결혼하는 게 좋은 거 아니에요?"
고양이 "그래요?"

그 이상 물어보지 않았으므로 속내는 알 수 없다. '농인은 농인이랑 결혼하는 편이 행복해질 수 있다'라고 생각해서 '양보'한 것인지, 아니면 '수화를 배우는 것과 농인과 사는 것은 별개'라는 의식이 있었던 건지. 무서워서 물어볼 수 없었다. 나중에 마침 그 자리에 있었던 다른 농인에게 얘길 들었다.

지인 "너 그런 거 묻지 마."
고양이 "왜?"
지인 "글쎄, 걔네들은 청인이잖아. 농인이랑 결혼하고 싶겠어?"
고양이 "수화를 할 수 있는데도?"
지인 "청인이잖아. 고양이 너도 농인이랑 결혼해라."

그 이상 대화는 없었지만 묘하게 마음이 가라앉고 말았다. '운동은 함께해도 좋지만 결혼은 별개라고 생각하는 거구나. 뭐야 그게' 하고 생각했다. 농인이랑 결혼할 수도 있지 뭐, 라고 말할 수는 없는 걸까.
'농인과 한 가족이 돼서 나까지 까닭 없이 차별 당하거나 힘들어지는 건 싫어' 하는 생각이 의식 밑바닥에 있지 싶다.

흘려들을 수 없는 말 (3) "아이가 농인이었으면 좋겠다."

농인과 농인이 결혼한다.

농인과 청인이 결혼한다.

어느 쪽 조합이 됐든 유전에 관계없이 아이가 농인으로 태어나는 경우도 있고 그렇지 않는 경우도 있다.

자, 그럼 본론으로 들어가보자. 농인 커플은 내가 아는 한 아이가 농인으로 태어났으면 좋겠다고 생각하는 모양이다. 나도 막연히 아이가 농인이었으면 좋겠다고 생각한다. 태어난 아이가 청인이라 하더라도 물론 사랑스럽겠지만, 농인 부모에게는 청인인 아이가 태어나면 아이에게 어떻게 수화를 받아들이게 할지가 가장 큰 걱정거리다. 아이가 수화를 배운다면 만세! 하지만 배우지 않으면? 대화가 안 통하는 가족이 되어버린다. 가족 모두가 청인인 가정에서 자란 농인은 식구들과 수화로 이야기를 나눌 수 없었던 어린 시절을 떠올린다. 그들은 대부분 그런 경험을 자신이 결혼해서 새로 이룬 가정에서까지 반복하고 싶지 않다며 어두운 표정을 짓는다.

수년 전 미국에서 농인 레즈비언 커플이 대리모 출산을 했는데 유전적으로 농인인 아이가 태어나기 쉬운 정자를 선택해서 화제가 됐다. 청인이 청인인 아이를 바라듯이 농인은 수화로 얘기를 주고받을 수 있는 아이를 바라는 것이다. 그래서는 안 된다고 생각하는 사람이 있다면 그런 생각의 밑바닥에 농이라는 장애를 지닌 아기는 아예 태어나지 않는 편이 좋다는 우생학적 사고가 깔려 있는 게 아닌가 한다.

흘려들을 수 없는 말 (4) "왜 청인 중에는 수화를 할 줄 아는 남자가 적은 걸까?"

농인과 청인이 결혼하는 경우가 있다는 건 앞서 썼다. 대체로 농인들은 청인과 결혼한 농인에 대해, 겉으로 드러내진 않아도 '농인과 결혼하는 게 더 좋았을 텐데, 청인과 결혼했어'라고 생각한다고도 썼다. 한 발 더 깊이 들어가보자. 농인과 청인이 결혼하는 경우는 농인-남성, 청인-여성인 경우가 그 반대인 경우보다 훨씬 많다. 정말 주위를 빙 둘러봐도 농인-여성, 청인-남성인 경우는 찾기가 힘들다. 고양이와 거북이는 희소가치가 있다는 말이다.

"이 문제에 대해서 어떻게 생각해?" 하고 문제 제기를 하고야 마는 난 좀 성가신 인간인가? 하지만 여기에는 심각한 배경이 있다. 수화를 공부하는 사람은 여성이 압도적으로 많다. 주부도 상당수에 이른다. 참, 주부면 이미 결혼을 했을 테니 신부 후보에서는 제외해야지. 하지만 여하튼 수화를 공부하는 사람 중에는 여성이 많다. 이것은 굳이 통계를 내지 않더라도 수화 학원에 가면 당장 알 수 있다(나는 수화 학원 강사를 했다). 덜컹덜컹 교실 문을 열고 들어서면 앉아 있는 건 "아―, 여자들뿐이야." 한편 수강생들도 "아―, 또 여자 선생님이야" 할 것이다. 여성들만 모여 있는 곳이니 당연히 남자 강사가 인기가 있겠지. 어째서인지는 몰라도 남자보다는 여자들이 수화를 익혀 '봉사'

한다는 이미지가 강하다.

그것이 진실의 한 부분인 것만은 분명하니 내가 남자였다면 대학에서 노트 테이크(245쪽 '대학에 대한 요구서' 참조)를 '도와주는' 여성도 쉽게 찾을 수 있었을 듯. 그런 이유로 남자였다면 좋았을 걸, 하고 바보 같은 생각을 한다. 하지만 '사회봉사 = 여성이 하는 일'이라는 등식은 올바른 생각일까. 애초에 수화 = 사회봉사란 말인가. 이 부분을 의외로 냉정히 분석한 사람이 있었다.

고양이 "어째서 남자들은 여자들보다 수화를 안 하는 걸까?"
지인 "당연하지. 수화로는 먹고 살 수 없잖아."
고양이 "와~ 넌 천재야."
지인 "무슨 소리야. 조금만 찬찬히 생각해보면 알 수 있는 거야."

"수화는 언어니까 영어회화 인구가 여성이 많은 것과 마찬가지로 수화도 여성이 많은 걸 거야" 하는 사람도 있을지 모른다. 하지만 수화통역자의 사회적 지위가 '먹고 살 수 없다'고 할 정도로 낮기 때문이라고 할 수도 있다. 이쪽이 더 설득력이 있는 것 같다.

"돈이 되지는 않지만, 시간 있는 사람은 청각장애인의 사회 참여 실현을 지원해주세요."

그러면 누가 그걸 하겠냐! 수화 통역 지원이 자원봉사라는 봉사의 성에 머물러 있는 한 수화 통역을 직업으로 선택하기는 어려울 것이다. 수화 통역이 자원봉사자에게 맡겨도 상관없는 거라고 생각한다면 가정 경제를 책임지지 않아도 된다고 여겨지기 쉬운 성＝여성이 하는 일이라고 쉽게 생각할 수 있다. 인력을 조달하는 방법으로서는 있을 수 있는 일일지 모르지만 농인의 진정한 자립을 생각한다면 이대로는 안 된다고 생각한다.

그럼 어떻게 해야 할까. 이건 각자 생각해보도록. 여기서 '흘려들을 수 없는 말 (4)', 완료.

거리에 오가는 사람들의 시선

고양이 "있지. 저기 저사람 우리를 뚫어져라 쳐다봐. 기분 나빠."
거북이 "응, 그래? 난 몰랐어."

고양이는 거리를 오가는 사람들의 시선이 종종 마음에 걸린다고 한다. 고양이 말을 들어보면 세상에는 수화하는 모습을 뚫어져라 쳐다보는 사람이 제법 많은 모양이다. 우리 둘이 함께 거리를 걷고 있을 때 자주 그런 시선을 느낀다고 한다. 그러나 어째선지 모르지만 난 내가 먼저 그런 시선을 알아차린 적이 한 번도 없다. 늘 고양이의 말을 듣고서야 '어라, 그랬나?' 한다.

고양이는 이런 시선이 느껴지면 기분이 상하는 모양이다. 내 반응이 너무나 무디기 때문에 더 기분이 안 좋아진다고 한다. "당신도 나처럼 그게 느껴지면 좋겠어!" 나도 공감하고 싶지만 이것만큼은 아무리 해도 잘 안 된다. 왜 그런 차이가 생기는 걸까…….

성격이 달라서일까. 나는 '나 자신이 만족하면 오케이'라고 생각하는 개인적 쾌락주의자. 한편 고양이는 사회적인 자존심이 강하고 상황에 따라서는 "농인을 바보로 알다니!" 하고 호통을 칠 사람이다. 그러나 그런 시선을 '늘 반드시 알아차리는 고양이'와 '늘 반드시 못 알아차리는 나' 사이에는 뭔가 차이가 있어도 단단히 있는 것 같다.

눈이 다른 걸까. 고양이는 나와 다른 눈을 갖고 있다. 굉장히 시야가 넓다. 그렇다고 타조일 리도 없고 뒤까지 보이는 눈을 갖고 있을 리도 없다. 하지만 시야 안으로 들어온 표정, 시선, 손의 움직임 같은 '농인에게 중요한 정보'는 절대로 놓치지 않는다. 일부러 눈에 힘을 주지 않아도 다 본다.

밥을 먹을 때도 그렇다. 고양이는 덥석덥석 밥과 반찬을 먹으면서도 상대방의 수화를 전부 본다. 나는 그게 아무리 해도 안 된다. 상대의 수화를 보기 위해서는 젓가락을 내려놓고 상대의 얼굴에 주목해야 한다. 그러느라 나는 밥 먹는 게 굼떠진다. 고양이는 잽싸게 먹는다. 그게 엄청 분하다.

특히 수화에 대해서는 민감하다. 농인들이 가까이에서 수화로 대화를 하면 일부러 바라보지 않아도 '자연스레 시야에 쏙 들어온다'고 한다. 청인들의 어색한 수화는 쏙 들어오지 않으므로 찬찬히 바라봐야 한단다. 이렇게 잘 보니 농인인 고양이가 더 민감하게 주위의 시선을 느끼는 것일 게다.

또 정서 차이도 있을 것이다. 농인은 청인의 악의나 편견에 무서울 정도로 민감하다.

"수화는 그만둬라." "꼴불견이야." 이런 식의 부정적인 취급을 당한 게 그리 먼 과거의 일도 아닌 모양이다. 지금이야 "수화는 농인의 언어" "수화는 멋있다" "아름답다" 등등, 다양하게 긍정적인 말들이 나오지만 그렇다고 정말로 음성과 대등하게 대접받는다고 할 수 있을까.

예를 들어 서클이나 친구 사이에서 수화를 하듯 친척 모임이나 직장, 또는 거래처에서도 아무렇지도 않게 수화로 얘기할 수 있을까? 그런 데서는 수화를 하는 모습을 한 번도 보여준 적이 없는 사람, 그 자리에는 어울리지 않는다고 느낀 적이 있는 사람은 없을까. 농인은 그러한 청인 사회의 분위기를 민감하게 간파한다. '수화로 얘기하다니……' 같은 무언의 압력을.

참고로 고양이는 미국의 농인들이 다니는 갤로뎃 대학에서 이와는 반대되는 광경을 봤다고 한다. 농인 학생들밖에 없는 대학 구내에서 청인이 음성으로 얘기하자 노기를 띤 농인 학생들이 슬며시 둘러쌌다. "너 여기가 어떤 곳인지 알고나 있냐?" 농인에게는 통쾌한 이야기다. 청인에게는 문화적 충격. 고양이는 강연을 부탁받을 때마다 이 이야기를 애용한다.

일본의 농인 그룹이 제작한 근(近)미래 SF영화[•]를 봤더니 지하철에 '데프 시트(농인 좌석)'라는 것이 있었다. 농인들끼리 앉아서 사람들 시선을 신경 쓰지 않고 맘 편히 얘기할 수 있는 공간이었다. 현실 세계에서는 그렇지 않다는 사실을 뒤집어 표현한 것이기도 하다.

농인은 청인 사회에서 수화에 대해 유형·무형으로 가해지는 압박을 날카롭게 간파한다. 청인에게는 그냥 평범한 거리의 풍경이라 하더라도 농인의 눈을 무사통과하지는 못한다.

고양이 "봐봐, 저기. 또 보고 있어."
거북이 "응? 또?"

나도 함께 알아차리고 공감할 수 있었으면 좋겠다. 그러나 신체 감각의 한계 탓인지, 언어적으로 압박당하는 일이 드물어서인지, 이것만큼은 좀처럼 따라할 수 없다.

● 〈21세기의 꿈〉, 2000, 데프 스피리트.

기술로 해결할 수 없는 언어의 벽

지난번에 전국 신문과 웹 사이트에 일제히 이런 기사가 실렸다.
"텔레비전 전화로 손쉬운 수화를. 브로드밴드로 선명한 영상을."•

기술 혁신에 의해 여러 가지 일들이 가능해졌다. NTT가 발표한 텔레비전 전화도 그중 하나다. 수화의 빠른 움직임을 원활한 영상으로 전달할 수 있게 돼서 "귀가 안 들리는 사람들이 기대에 부풀어 있다"고 한다. 과연 그럴까.

기사는 텔레비전 전화의 문제점으로 다음 두 가지를 들었다.

"서비스를 이용할 수 있는 지역이 한정되어 있다."
"수화의 움직임을 충분히 전달할 수 없는 텔레비전 전화도 있다."

그러나 가장 큰 문제는 그러한 기술적인 것이 아니라고 나는 생각한다.

"일반 사회에서 수화를 써서 의사소통을 할 수 있는 사람은 매우 한 정되어 있다."

실제로 텔레비전 전화가 보급되면 그 한계를 바로 알 수 있을 것이다.

"구청에 문의를 하고 싶어요." 농인이 전화를 해도 텔레비전 건너편 에 있는 구청 직원은 수화를 못한다. 소리를 못 듣는 농인에게는 입만 벙긋벙긋 움직이는 영상이 보일 뿐이다.

"피자를 배달 시켜야지." 전화를 해도 피자 가게 점원은 수화를 못 한다. 여기도 입만 벙긋벙긋.

"화장실이 막혔어요! 빨리 와줘요." 상대방은 수화를 못해서 역시 입만 벙긋거리는 것처럼 보인다. 이런 것들은 고양이가 전화를 걸 때 내 가 해주는 통역의 예들인데 상대가 수화를 못한다면 어차피 텔레비전 전화는 사용할 수 없다.

가령 농인이 회사에 들어갔다고 치자. 텔레비전 전화가 있다고 다양 한 연락 사무를 할 수 있을까? 텔레비전 전화로 거래처에 전화를 걸어 도 상대방이 수화를 못하는 사람이라면 대화는 불가능하다. 정보 교환 을 위해서라면 메일이 훨씬 편리하다.

나아가 청인들이 자기들 맘대로 '보면 통하겠지' 하며 우리 집에 끊임없이 텔레비전 전화로 전화를 걸면 어떻게 하지? 고양이에게는 입만 벙긋벙긋 움직이는 영상으로 보일 터이니 결국 내가 통역을 하게 될 것이다.

텔레비전 전화가 보급되면 아마도 농인끼리 하는 소통 방식은 크게 변할 것이다. '만나서 얘기하는 것이 커뮤니케이션의 기본'이었던 수화 문화가 순식간에 통신 세계로 확산될 테니까. 농인의 인간관계와 행동 방식도 변할 것이다. 그러는 가운데 나이 많은 농인과 젊은 농인 사이에 가치관과 행동의 차이가 생겨날지도 모른다. 고양이는 텔레비전 전화를 한 번 잡으면 틀림없이 한도 끝도 없이 수다를 떨 것이다(전화비가 많이 나오겠지?).

그러나 청인과 주고받는 커뮤니케이션에는 아무런 변화도 생기지 않을 것이다. 상대의 얼굴을 보고 기분을 가늠하는 것 정도는 가능할지 모르지만 그것으로 끝이다. 말을 주고받을 수는 없으므로 가족을 통역으로 끌어다 앉히든가 텔레비전 전화 앞에서 종이로 필담을 하든가 해야 한다. 결국 의사소통의 불편은 전혀 해소되지 않는다. 왜냐하면 거기에는 여전히 언어의 '차이'라는 커다란 벽이 있기 때문이다.

전화를 개량할 뜻이 있다면 다른 여러 나라에서 실용화된 릴레이 서비스를 도입하는 것이 좋겠다. 농인은 키보드로 치는 문자전화. 상대방 청인은 수화기를 사용하는 일반 음성전화. 그리고 문자와 음성 사이를 전화 회사의 전속 통역자가 통역한다. 이런 서비스는 이미 몇몇 나라에서 상용화되어 있다.

'귀가 들리지 않는 사람에게는 눈에 보이는 영상을 통한 대화가 좋

을 것'이라고 흔히들 생각한다. 그래서 기사도 "텔레비전 전화 = 보인
다 = 잘 됐다!"라고 쓴 거겠지. 하지만 실제로는 통역자가 중개하지 않
으면 거의 아무런 도움도 되지 않는다. 언어의 벽은 현재와 같은 상태에
서는 사람의 힘으로 해결할 수밖에 없다.

　얼마 후 미국발 기사를 봤다. "브로드밴드로 확산되는 청각장애인의
전화 이용."[**] 텔레비전 전화의 기술은 일본과 완전히 똑같지만 미국의
전화 회사는 무료 전속 수화통역자를 마련해놓았다. 즉 농인이 얘기하
는 수화 메시지가 수화통역자를 통해 음성언어로 피자 가게에 전달되
는 것이다. 매우 당연한 일이지만 '기술과 사람이 연결되는 나라'다.
'기술만으로 된다고 착각하여 사람은 깨끗이 잊는' 일본과 비교돼 한숨
이 나왔다.

　결론. 전화 회사는 텔레비전 전화 개발에 앞서 우선 전속 통역자를
고용해주십시오.

● 《교토신문》 인터넷 뉴스 2003년 1월 25일자(http://www.kyoto-np.co.jp/)
●● 《Yahoo Japan News》 2003년 2월 6일자(http://headlines.yahoo.co.jp/)

텔레파시 나라에서

　청인이 농인의 마음을 실감하려면 어떤 상상을 해보면 좋을까.
　'수화는 언어다'라는 견해가 확산되면서 말이 통하지 않는 외국에서 겪은 체험에 빗대어 수화와 농인에 대해 이야기하는 것을 자주 듣게 된다.

　"그래 맞아, 나도 외국에서 얘기가 통하지 않아서 혼났어. 농인의 심정을 잘 알 것 같아."

　이건 언뜻 맞는 말 같지만 사실은 맞지 않는 이해 방식이다. 왜냐하면 청인은 시간을 들이면 외국어를 조금씩 익힐 수 있지만 농인은 시간을 들여도 귀가 들리게 되지는 않기 때문이다.
　외국어의 벽에 부딪힌 청인이라면 처음에는 힘들더라도 반년쯤 그 지역에 살다보면 제법 대화를 할 수 있게 될 것이다. 그러나 농인의 언어 환경을 보면 자신이 태어나 자라난 동네에서도 같은 언어(수화)를 사용하는 사람은 소수다. 인구의 99퍼센트 이상이 이질적인 언어를 사용하는데 신체 조건상 아무리 노력해도 그 언어를 익히기 힘들다. 더구나 그런 상황이 일시적인 것이 아니라 언제까지고 계속된다. 뿐만 아니라 (나라에 따라서 다르기는 하지만) 많은 경우에 자신들의 언어가 사회적으로 무시당하고 '쓰지 마' 하는 압력을 받기도 한다. 청인이 외국에서 겪은 일시적인 소통의 불편함에만 빗대어 농인의 처지를 이해할 수 없는 이유다.

그럼 어떻게 하면 농인의 처지를 실감해볼 수 있을까. '청인들이 아무리 노력해도 익힐 수 없는 특수한 언어'에 둘러싸여보는 건 어떨까. 그러고 보니 텔레파시를 언어로 사용하는 우주인이 등장하는 공상과학 이야기가 생각난다.

어느 청인의 집단에 초청되어 얘기를 한 적이 있다. 농인과 함께 사는 청인의 입장에서 평소의 생활에 대한 얘기를 해달라는 거였다. 강연 전에 이런 질문지가 건네졌다.

"'농인은 농인끼리 결혼하는 일이 많다' '농인은 태어나는 아이가 농인이기를 바라는 경우도 있다'고 들었는데 그 마음이 잘 이해되질 않습니다. 그래도 들리는 편이 좋은 것 아닐까요?"

나는 이걸 읽고 참가자에게 농인이 놓여 있는 언어 환경을 의사체험

할 수 있게 해보면 좋겠다고 생각했다. 그건 '아무리 열심히 노력해도 익힐 수 없는 이질적인 언어에 둘러싸여 지내면서 자신이 사용하는 언어에 대한 주위의 몰이해와 억압을 경험해보는 체험'이다. 그래서 '텔레파시 언어에 둘러싸인 음성언어 화자들'이라는 상황을 상상해보게 했다.

"여러분의 집에 어느 날 텔레파시로 대화하는 우주인들이 우루루 몰려왔다고 칩시다. 그들이 집을 점거해버리면 어떻겠습니까. 나아가 우리 사회를 지배한다면?"

그 후에 이야기를 진행하는 건 편했다. 농인인 고양이가 마주치거나 목격한 사건들을 생각하면서 텔레파시 세계로 바꿔놓는 것만으로 얼마든지 예를 들 수 있었기 때문이다.

"텔레파시를 배우기에는 신체적으로 어려움이 있다는 걸 알면서도 몇 년이나 텔레파시 훈련을 해야 합니다."
"우리 집 거실에서도 내가 못 알아듣는 텔레파시 대화만 오갑니다. 내가 모르는 사이에 일들이 결정되어버리곤 합니다."
"음성을 알아듣고 말할 수 있는 우주인이 딱 한 명 있지만 귀찮다면서 통역을 안 해줍니다."

"음성은 너무나 흉하기 때문에 그만두라는 우주인도 있습니다."

마지막으로 이렇게 덧붙였다.

"'텔레파시가 우리의 집안으로 성큼성큼 들어오기 전, 음성언어만으로 대화를 나누던 가정이 평화로웠다'라고 생각하지 않습니까? '우리 집엔 차라리 텔레파시가 없는 게 나아' 하는 마음이 샘솟지 않습니까?'

흥미진진한 얼굴로 바라보는 사람, 불쾌한 표정을 짓는 사람, 생각에 잠긴 사람. 여러 가지였다. 의견을 들어보니 "소수 언어를 무시해서는 안 된다!" "우주인하고 만나는 일을 줄일 거다" "걱정돼서 우주인이 뭘 하나 하고 계속 관찰할 거다" 등등. 받아들이는 방식과 주장은 서로 달랐지만 '위로'와 '동정' 등의 빤한 답이 아닌 생생한 목소리가 많이 나왔다. "그 다음은 각자 생각해보세요"로 이 대화는 끝났다. 우선 관심을 갖게 하는 건 가능했으므로 목적은 달성.

그러나 이야기는 이것으로 끝나지 않았다. 저절로 떠오른 이 텔레파시 우주인 얘기가 너무 그럴싸했던 탓인지 나 자신이 그 세계에 폭 빠져버렸다. 공상 속의 '텔레파시 우주인의 나라'가 자꾸만 떠올라 내 주변에서 일어나는 일들을 모두 텔레파시 우주인의 상황으로 바꿔놓고 보는 습관이 붙어버린 것이다.

나는 청인들에게 솔직하게 물어보고 싶다. 다음과 같은 일이 매일매일 밀려드는 삶을 여러분은 어떻게 느끼는지.

- "텔레파시 훈련을 땡땡이치면 안 돼! 힘내라, 힘내" 하고 우주인에게 마냥 격려를 받으면 열심히 훈련을 받겠습니까?
- "텔레파시를 할 수 없다니 불쌍하구나. 하지만 어쩔 수 없지" 하고 우주인에게 불쌍하다는 소리를 들으면 어떤 느낌이 들겠습니까?
- 음성언어를 아주 조금 할 줄 아는 우주인이 생글생글 웃으며 다가오면 어떻겠습니까?
- '음성 사랑! 감동 스페셜 세 시간'이라는 제목의, 우주인들이 기분 나쁜 음성으로 얘기하는 드라마가 있다면 보겠습니까?
- 음성만으로 집회를 했더니 우주인에게서 '배타적이다'라고 비판받았습니다.
- "분리 교육은 그만두고 텔레파시 언어학교에서 함께 배웁시다" 하는 말을 우주인에게서 들으면 어떤 생각이 들겠습니까?
- "음성에만 매몰돼 있으면 안 돼. 넓은 시야를 가져라" 하는 설교를 우주인에게서 들으면 어떤 생각이 들겠습니까?
- 당신은 "텔레파시 능력을 갖고 싶다"고 생각합니까?
- 우주인과 함께 살고 싶다는 생각이 듭니까?

이것들은 모두 실제로 농인이 청인 사회에서 받고 있는 억압과 몰이해의 상황을 그대로 텔레파시 사회의 상황으로 바꿔놓은 것이다.

그 뒤로도 나는 혼자서 상황을 바꾼 다양한 사례들을 상상해서 곱씹어보곤 했다. 특히 '쿠쿵' 하는 충격과 함께 나를 몹시 침울하게 한 건 마지막 질문 "우주인과 함께 살고 싶다는 생각이 듭니까?"이다. 현실 세계로 돌아와보니 내가 바로 그 '우주인' 아닌가. 수화로 얘기한다고는 하지만 농인 입장에서 본다면 나는 이질적인 언어를 사용하는 주류 세계의 한 사람이다. 고양이는 그런 존재와 함께 살기로 선택한 거다. 어떤 의미에서는 훌륭한 사람이다. 칭찬해주고 싶다.

고양이 "있지, 무슨 일 있어? 뭘 생각해?"
거북이 "아, 뭐 별 거 아니야.(쓴웃음)"

농인의 처지를 절실하게 느끼지 못했던 나 자신이 몹시 부끄러웠다. 고양이에게는 이 얘기를 하지 않았다. 농인 입장에서 보자면 매일 접하는 현실이니 특별히 신기할 것도 없을 것 같았기 때문에. 청인에게나 듣는 약을 농인에게 줄 필요는 없는 것이다.

청인 여러분, 인구의 99퍼센트 이상이 텔레파시 우주인이며 음성언어를 결코 언어로 인정하려 들지 않는 세계로 이사 가봅시다. 그때 당신이 어떤 기분일지 생각해보면서 현실의 농인과 청인의 관계를 느껴봅시다.

그럼 마지막 질문.

• 그 세계에서 평생을 산다면 당신은 우주인들에게 뭘 바라겠습니까?

제3장

고양이, 대학에 가다

농인들은 수화라는 언어를 갖고 있으므로 농인끼리 얘기하는 데에는 불편함이 없습니다. 그러나 농인과 청인, 이 두 언어 집단 사이에는 너무나도 높은 벽이 솟아 있습니다. 농인은 음성언어를 익히기 힘들고, 유창하게 수화를 할 줄 아는 청인은 아주 적습니다. 이 상태를 방치해두면 인구가 적은 농인 쪽이 불이익을 받는 일이 많기 때문에 이 높은 언어의 벽을 낮출 방법을 생각해볼 필요가 있습니다.

구화법 교육은 농인을 음성언어 쪽으로 끌어들이려는 것이었습니다. 하지만 그건 대다수 농인들에게 고통을 안겼고 전 세계 농인 단체의 맹렬한 반대에 부딪혔습니다. 농인들 대부분은 자신들의 언어인 수화로 교육받기를 바랍니다. 수화를 교육언어로 인정하여 농인 교육을 수화로 실행하는 나라들의 시도가 주목받고 있으며 이를 요구하는 활동도 세계 각지에서 활발하게 일어나고 있습니다.

물론 학교 안에서만 바뀌어서는 안 되고, 사회의 모든 영역에서 수화를 사용하는 농인을 대등한 시민으로 받아들일 태세를 갖춰야 합니다. 대학과 관공서 등을 포함한 모든 공공기관이 수화 통역 서비스를 제공하도록 법률로 의무화하고 농인이 수화로 얘기하는 것이 부정당하지 않을 권리(농인의 언어권)를 인정하고 보호할 필요가 있습니다.

이미 몇몇 나라에서는 헌법에서 농인의 수화를 그 나라의 공용어로 규정하고 있습니다. 일본에서도 수화를 나라의 공용어로 하자는 의견이 나오고 있습니다. 오늘날 전 세계의 농인들은 높은 언어의 벽을 허물기 위해 활발한 운동을 펼치고 있습니다.

대학에서

"농인은 수화라는 언어를 사용하며 다른 사람과 똑같은 생활을 해."

이렇게 말하고 넘어가기에는 너무 가혹했던 대학생활. 왜냐하면 일본의 대학에서는 귀가 들리지 않는 사람이 입학했을 때 '귀로 들을 수 없는 수업을 어떻게 수강해야 하나'라는 문제를 해결해줄 수 있는 법적인 보장책이 아직 없기 때문이다. 수화 통역을 붙이면 좋겠지, 하고 생각할지도 모른다. 하지만 그게 그리 간단하지 않다.

"어디에 부탁해야 수화통역자를 파견해주나?"
"대학 강의 수준의 통역이 가능한 통역자는 충분히 확보하고 있나?"
"통역자의 통역 비용은 누가 부담하나?"

이러한 것들이 사회적으로나 법적으로나 제대로 마련되어 있지 않다. 예를 들어 병원의 진료실 같은 일상생활 영역에는 수화통역자가 파견되지만 대학 교육에 대한 수화통역자 파견은 공적 비용 부담의 범위에 포함되어 있지 않다.

"대학은 우선 대학 안에 통역자를 양성해주십시오."

이것이 파견센터에서 듣는 답변의 최대공약수일 것이다. 하지만 수화통역자를 양성해 필요할 때에 지원하는 대학은 없다. 지금까지 일본의 대학은 수화통역자가 필요한 경우가 생기면 '학생끼리 서로 돕는다', '자원봉사 정신의 소중함'을 운운하며 통역의 책임을 학생들에게 고스란히 넘겨버렸다. 학생들은 당연히 전문 통역자로서 훈련을 받은 경험이 없다.

농인 학생이라 해도 각양각색인데, 나는 단과대학에 입학할 때에는 권리를 주장하는 방법도 모르고 해서 "대학에서 보조해주는 건 전혀 없으리라는 것을 조건으로 입학을 허가합니다"라는 말을 들었을 때에도 '입학 허가가 났으니 잘 됐다' 하고 좋아했을 정도다. 후에 편입학한 도시샤 대학에서는 자세를 180도 바꿔 수강권 보장을 시끄럽게 요구했는데, 그럴 때면 단대에 다닐 때 겪은 장면들이 새삼 떠오르곤 했다.

단과대학 입학식 날 오리엔테이션을 한다는데 어디서 어떻게 한다는 건지 알아듣지 못해서 자리를 옮기는 학생들을 바라보며 나는 어디로 가야 하지? 하며 불안에 떨었다. 나는 불안에 떨다 마침내 눈물을 방울방울 흘리며 옆자리에 앉은 학생을 꽉 붙잡고 겨우 "전 귀가 들리지 않아요. 무슨 말을 하는지…… 좀 가르쳐주세요" 했다. 당시는 '농인 학생이 입학을 허가받을 수 있는지 없는지'를 모르는 시절이었으므로 수업 때도 교수님에 따라서는 '들리지 않는다'는 사실을 감췄다. 출석을 부를 때에는 친구에게 딱 붙어 앉아 고양이의 이름이 불리면 팔을 찔러달라고 하거나 대신 대답을 해달라고 했다. 지명을 받지 않으려고 가능한 한 뒷좌석에 앉아서 일부러 잠을 청하기도 했다.

그러나 과연 '선의의 자원봉사'에게 '지원을 받아' '수업을 듣는 것'이 적절한 보장일까. 꼭 듣고 싶지 않은 수업이라도 노트 필기를 해줄 것 같은 사람이 그 강의를 듣는다는 이유만으로 수강 신청을 하기도 했다. 사실 주위의 친구들에게 노트 필기를 해달라고 해서 졸업은 할 수 있다 치더라도 4년 주기로 학생들이 졸업해버리면 농인을 도와주는 인적자원은 다시 제로로 돌아가버린다. "열심히 노력해서 친구를 만들어 노트 필기를 해달라고 했습니다" 하는 건 결국 뒤에 아무것도 남기지 않는 것과 같다. 그래서 결국 매년 이들 대학에서는 같은 일들이 반복해 일어나게 된다.

나는 도시샤 대학에서는 그러한 악순환을 끊어야겠다고 각오를 다졌다. 그러려면 자원봉사에 의지해서 수업을 들으면 안 된다. 그 점을 명확히 선언해야 한다. "누구누구 씨, 노트 보여줄래요?"라는 '어려운 부탁'이나 '애원'을 일체 배제하기로 마음속으로 맹세하고 수강권 보장 운동을 시작했다. 농인은 강의 내용을 수화 통역, 컴퓨터 통역, 노트 필기로* 전달받을 권리가 있다는 것을 졸업 때까지 어떻게든 제도로 남기고 싶었다.

그러나 제도가 만들어지는 과정은 멀고도 멀었다. 통역자를 연결해 주는 학생이 져야 할 부담은 나날이 가중되어 갔다. 통역자 중에는 자신의 수업을 빠지고 통역을 하러 오는 경우도 있었다. 또한 통역자가 같은 수업을 듣는 사람이라서 자신의 수업을 받으면서 동시에 통역을 해야 하는, 주객이 전도된 상황도 종종 있었다. 나는 나대로 매일매일 통역이 끊기면 어쩌나 불안에 떨었다. 아아, 이래서는 안 돼, 둘 다 나가떨어질 거야, 하는 정신적 위기감에 내몰렸다.

대학에 통역자제도를 뒤달라며 계속 써낸 수많은 요구서도 퍼포먼스나 다름없었다. 당연히 있어야 할 창구가 없었다. 사무직원에게 건네 줘 봤자 그대로 쓰레기통으로 직행할지 누가 아나. 누구에게 제출해야 좋을지 알 수 없는 요구서를 계속 쓰는 건 괴로웠다. 아무것도 하지 않았던 단대 시절이 훨씬 편했다는 생각에 분한 마음이 들기도 했지만, 그것이 진정으로 편한 것은 아니었음을 알았기 때문에 계속 써댔다.**

하지만 그때에는 어느 방향으로 손을 뻗어야 수강권 보장이 이뤄지는지 알 수가 없었다. 의지할 만한 사람 하나 없다고 느꼈고, 다들 어쩜 이리도 느긋할까, 하는 생각만 들었다.

"복지국가라고 일컬어지는 스웨덴조차

사람들은 늘 더 나은 것을 추구합니다.
그런 노력이 모여 현재의 제도를 일궈낸 겁니다."

지금이라면 '나에게 이런 메일을 보내준 선생님은 분명 나를 격려할 생각이었을 거야' 하고 생각할 수 있다. 하지만 당장 제도가 필요했던 당시에는 이 메일이 어떻게 답장을 써야 할지 몰라서 쓴, 그저 한가하기만 한 말로 느껴졌다. 그때 나는 몹시 초조했었다.

아, 오늘은 통역이 모였지만
내일은 어떻게 될까.
모레는 어떻게 될까.

그렇게 계속 고민하면서 내가 원했던 것은 지금 당장 필요한 '통역자 파견'이었으므로 스웨덴 이야기가 가슴에 와 닿지 않았다. 돌이켜보면 이런 사례는 많다. 같이 얘기해보면 서로 이해할 수 있는 게 사람이라지만 매일 피로가 이어지던 나는 필기와 구화를 써가면서까지 얘기할 에너지가 전혀 남아 있지 않았다. 수많은 사람이 호의를 가지고 다가왔지만 받아들일 여유가 없었다.

2001년만 하더라도 대학은 단지 무상 자원봉사 희망자 리스트를 관리하는 제도만 두었었지만 내가 입학하고 약 1개월 후에는 학과 부담으로 필수 강의 몇 개에 통역자에 대한 교통비를 지급했고 2002년부터는 학과 부담이 아니라 대학 예산에서 교통비와 한 강의 당 500엔씩 수강권 보장료를 지급하기 시작했다. 그리고 2003년에는 대학 밖에서 들어오는 서포터에게 한 강의 당 노트 필기에 대해서는 약 1300엔, 컴퓨터 통역에 대해서는 1500엔, 수화 통역에 대해서는 약 2000엔을 지급하게 되었다(단, 학내 학생일 경우에는 한 강의 당 750엔이라는 낮은 가격이 설정되었다). 기다리고 기다리던 2년은 길고 긴 세월이었다.

2004년 3월, 제도의 개선이 거지반 이루어진 상태에서 어느 정도 만족하며 졸업할 수 있었다. '거지반'이라고 한 데에는 이유가 있다. 과거에 재학했던 학생까지 포함한 당사자들의 요구에 의해 마련된 제도임에도 그 점을 감추고 훌륭한 자원봉사 정신이 이끌어낸 결과라고 바꿔치기해 말하는 사람이 일부 있었기 때문이다. "누군가에게 조력하는 건 그렇게 어려운 일이 아닙니다. 조금만 마음을 쓰면 누구라도 할 수 있습니다" 하고 쉽게 말하는 사람들이 있다. 그렇게 남의 신경을 거슬리는 말을 하는 사람들은 하나같이 수화를 못하는 사람들이라는 점이 재미있다. 미흡하나마 언어로서 수화를 배우고 수화 통역 업무에 관계하는 사람들은 그런 무책임한 발언을 하지 않는다. 이 글을 쓰고 있는 지금도 '마음을 조금만 쓰면 수화 통역을 할 수 있다고 하다니 참 대단한 말씀이다' 하고 생각한다. 수화를 하는 사람과 그렇지 않은 사람들 사이에는 벽이 아직도 높은 것 같다.

그래도 돌아보면, 제도 마련 요구를 하던 와중에는 보이지 않았지만 사람들의 마음이 그때는 그랬었구나, 이때에는 이랬었구나 싶은 것들이 있다. 길게 이어져온 시간의 기록을 공개했는데, 이 때문에 양심에 따라서 행동해주신 사람들이 혹시 마음에 상처를 입을지도 모르겠다. 하지만 괴로웠던 기억은 분명히 괴로웠다고 해야 한다. 괴로웠던 걸 기뻤다고 쓰면 픽션이 된다. 여러분, 고양이의 시간 기록에 잘 오셨습니다.

● '노트 필기', '컴퓨터 통역'에 대해서는 ●●의 요구서를 참조해주십시오.
●● 요구서의 일부를 뒤에 실어 놓았습니다(245쪽 참조).

커밍아웃이 해방으로 이어지지는 않는다

농인이라는 사실을 알리고 나서 오히려 귀찮아지는 일은 수도 없이 많다. 어떤 일에 가치를 두고 있는가에 따라 다르겠지만 청인이 압도적으로 많이 이용하는 시스템 속에서 농인이 배척당하지 않고 잘 처세하려면 '농인이라는 사실'을 알리지 않는 게 더 나을 때가 많다. '들리지 않는 것'은 눈으로 보아서는 단숨에 알 수 없으니 감추고 있을 수도 있다. 하지만 커밍아웃하지 않는 게 이익인지 손실인지 나로서는 즉각 판단이 서지 않는다.

예를 들어 면접시험을 볼 때

저는 농인이에요.
저는 귀가 들리지 않습니다.
그러니까 수화 통역을 붙여주는 등 배려를 해주세요.

그러면 어떻게 되는가.

귀가 잘 안 들리는 분이세요? 잠시 기다려주세요.

전례가 없기 때문에 검토를 해보겠습니다.

검토해봤는데 매우 어렵습니다.

이렇게 부정적으로 나오는 게 정해진 패턴이다. 아이구야, 시험 공부할 시간이 1분도 아까운데 괜히 시간만 빼앗겼구나. 농인이 뭘 해보려는 것에 대해 사회적인 배려가 없어서인가. 이런 생각이 들기 시작하면 한순간에 의욕이 꺾여버린다. 그러한 의욕 감퇴를 피하면서도 끝까지 해내는 방법은 하나밖에 없다. 아무 소리 하지 않고 시험을 봐버리면 된다(좋다, 라고는 말할 수 없지만). 들어갈 대학을 고를 때 '면접이 없는 곳'을 찾는다는 얘기도 있다.

나도 그냥 갑자기 생각이 나서 수화 통역이 있는지를 물어보았다가 성가신 일을 당한 적이 있다. 그럴 땐 이런 기분이 들곤 한다.

'그냥 생각나서 물어본 것뿐인데 그렇게 난리 치지 마라. 이제 됐으니까.'

"귀가 들리지 않습니다"라고 커밍아웃하는 것만으로는 아무것도 해결되지 않는다. 그래서, 사람마다 다르겠지만, 그 다음 요구를 할 수밖에 없다.

"그러니까 수화 통역을 찾아주세요."

"그러니까 필담을 해주세요."

이렇게 구체적으로 요구사항을 말해버리면 그 다음엔 벽이 막아선다. 커밍아웃이 반드시 해방을 가져다주지는 않는 셈이다. 오히려 커밍아웃함으로써 새로운 싸움의 막이 열리는 경우가 많다. 이러니 커밍아웃을 안 하려는 것도 이해가 간다. 그냥 있어도 성가신데 귀가 들리지 않는다는 것을 알려서 더 귀찮아지고 싶지 않은 것이다. 그런 마음은 귀가 들리지 않는 사람이라면 한두 번이 아니라 수도 없이 겪어봤을 것이다. 억압당하며 사는 사람에게 격려랍시고 "더 많은 권리를 주장하라"고 다그치는 건 무자비한 행위다. 변해야 하는 건 사회다.

잃어버린 기회

대학에 갈까 말까 망설이던 나는 거북이와 의논을 했다. 그러고 나서 바로 그해에 지원할 수 있는 대학을 찾았다. 오사카에서 자랐으니까 오사카에 있는 대학이 낫겠다 싶었다. 다른 지방에 있는 대학에 가는 것보다는 통역자도 찾기 쉬울 것 같았다. 그래서 오사카에 있는 대학 목록을 정리한 후 원서를 보냈다. 그런데 그중 한 군데에서 입학시험 보는 걸 거부당했다.

나는 청각장애인인데 입학시험을 볼 때나 대학 입학 후에 어떤 배려를 해줄 수 있는가, 하고 팩스로 문의했다. 그런데 답장이 없었다. 이상하네. 그래서 친구에게 전화 통역을 부탁했다. 휴대폰 메일로 대학의 전화번호를 알려주고 답장이 오지 않았다는 사실을 전해달라고 했다. 그랬더니 "팩스가 오지 않았대"라는 친구의 말. "무슨 소리야, 보냈는데. 알았어, 바로 재송신할 테니까 지금 바로 확인해줘" 하고 대학에 팩스를 다시 보냈다. 친구에게서 "전화 받는 사람, 느낌이 안 좋았어" 하는 보고를 받았다. 불길한 예감이 드네.

며칠 지나서 입학시험 응시를 거절한다는 내용으로 답장이 왔다.

"요즘 같은 때에 입학시험 응시를 거부하는 대학이 있어?" 너무 놀라 눈이 동그래졌다. 나는 화가 난다기보다 기가 막혀 다음 말이 나오지 않았다. 게다가 그 대학 명칭에는 '복지'라는 이름까지 붙어 있지 않은가. 입학시험도 못 보게 하다니, 나 원 참.

다음 순간 '일본이라는 나라가 아직 이런 수준이구나' 하는 포기 비슷한 감정이 일었다. 전화를 걸어준 친구에게도 연락했다. "입학시험 거부당했어. 믿을 수 없어! 너무해!" 그래, 정말 너무하네. 이상하게도 남의 일 같이 느껴졌다. 거북이한테도 연락했다. 있지, 있지, 이런 답장이 왔어. 어떻게 할까? 함께 이런 얘길 하는 시간조차 아까웠다. 나는 사실 갑작스럽게 대학 입시를 보기로 결정했기 때문에 시간 여유가 없었다. 이런 대학, 무시! 에잇, 시간만 빼앗겼네. 바보 같아. 나는 다급하게 다른 대학을 찾는 작업에 들어갔다. 오갔던 팩스 자료는 거북이에게 맡겼다. 조만간 항의를 할 작정이었으므로.

그 대학은 입학시험도 못 보게 해놓고는 그 뒤에 입시안내서를 첨부한 광고 메일을 보내왔다. 아무런 사죄도 없었고 앞으로 배려하겠다는 말 한마디 없었다. 화가 나서 그것도 거북이에게 맡겨뒀다.

하지만 결국 그 대학에 직접 항의하러 가지는 않았다. 도시샤에 입학하게 된 것도 이유였지만 그 대학처럼 통역 지원이 갖춰져 있지 않은 환경이라면 설사 입학을 한다 해도 공부하기가 상상 이상으로 힘들 거였기 때문이다. 게다가 항의를 했는데도 아무 반응이 없으면 나는 더 큰 상처를 입을 터. 그러니 입학시험을 거절당했다는 사실만 기억하고 넘어가는 게 낫다. 이제 와서 상대방이 최대한 성의를 담아 사과한들 잃어버린 기회는 되찾을 수 없다. 그래서 이렇게 기록으로만 남겨둔다.

입학식에 수화 통역이 붙기까지

대학에 합격한 다음 나를 기다리는 건 입학식이었다. 입학식에 수화 통역을 배치해달라는 건 아주 자연스러운 요구라고 생각했다. 또한 입학한 후 일이 무척 걱정되어 어떠한 지원 체제가 가능한지도 알려달라고 했다. 응답이 있긴 했지만 구체적인 방책이 제시되지 않았다.

"입학식에 수화 통역을 붙여주세요."

이 말을 몇 번이나 반복했는지 모른다. 답변은 바로 오지 않았다. 처음에는 답변은 없더라도 검토는 하고 있을 거라고 생각했다.

어쨌든 합격한 직후부터 계속 '입학식에 수화 통역을 붙여달라'고 부탁했는데 2월이 되어서도 아직 답변이 없었다. 재촉해도 답변이 오지 않았다. 불안해서 견딜 수가 없었다. 전화를 해달라고 부탁했다. 전화가 왔는데 이런 말을 한다.

"왜 수화 통역이 필요하지요?"

농인이니까.

농인이니까, 수화 아니겠어.

"현장감을 살리려면 아무래도 수화 통역이 필요한 거죠?"

그런 게 아니라 수화는 나의 언어입니다. 부탁이니 수화 통역 좀 붙여주세요.

결국, 수화 통역 의뢰에 대한 답변은 3월 말이 되어서야 들을 수 있었다. 덕분에 1월부터 3월까지 나는 '입학식에 수화 통역을 붙여줄까, 안 붙여줄까' 하는 문제로 내내 걱정해야 했다. 메일을 체크하고는 한숨을 쉬는 날이 계속되었다.

입학식 코앞까지 그러다가 다행스럽게도 입학식에 어렵사리 수화 통역이 붙었지만 기쁘지 않았다. 입학식 수화 통역 문제로 3개월이나 기다려야 했고 그러면서 에너지를 많이 소모해버렸기 때문이다. 도시샤 대학에서의 생활은 이렇게 시작되었다.

마음의 병

대학 입학식 코앞까지 매일 밤낮으로 '수화 통역은 어떻게 되나'를 생각하다가 마음도 지치고 건강도 나빠졌다. 열이 났다. 휘청휘청 병원을 찾아갔다. 그러나 그 병원은 진찰 시간이 끝났단다.

미리 확인을 하려 해도 전화를 걸 수가 없으니 어쩔 수 없이 직접 가봐야 한다. 덕분에 '가보면 안다'라는 습관이 몸에 뱄다.

어쩔 수 없어 근처에 다른 병원이 없나 찾았다. 도로 건너편 간판에 '내과'라는 글자가 보였다. '내과니까 링거 주사를 맞을 수 있겠지' 하는 생각에 그 건물로 들어갔다. 왠지 착 가라앉은 분위기였지만 차도 준비돼 있었고 커피도 마실 수 있었다. "○○조에 의거하여 공비(公費) 부담을 희망하시는 환자 분은 말씀해주십시오"라고 쓴 종이가 붙어 있었다. 나는 그 공비 부담 안내를 읽으면서도 눈치 채지 못했다. 그곳은 내과는 내과라도 '심료(心療)내과'였다. 요컨대 정신과의 친척이었다.

잠시 기다리니 먼저 사회복지사가 와서 상담을 하자는 거였다. 그제서야 나는 여기가 보통 내과가 아니라는 것을 겨우 알아차렸다. "저어, 저는 열이 있어요. 그걸 좀 봐줬으면 하는데요." 사회복지사는 체온계를 가져왔다. "이걸로 열을 재세요. 자, 그럼 먼저 애기를 들어봅시다."

애기를 시작하고 얼마 안 있어 "수화 통역을 부를까요?"라는 말을 들었다. 정말 쇼크라서 아무 말도 할 수 없었다. 이건 또 무슨 상황이야. 입학식 수화 통역 문제 때문에 조마조마하다가 병이 들 지경이었는데 여기서는 요구도 안 했는데 수화 통역을 불러준다니.

"아니오, 괜찮습니다."

그 자리에서 거절했다.

"사양하지 않아도 돼요. 당신은 수화로 하는 게 좋으시죠?"

더는 참을 수가 없었다. 눈물이 방울방울 흘렀다.

의사는 "우울증이네요" 하고 단정적으로 말했다. 대학으로 돌아간다는 건 그런 거구나, 하는 생각이 들었다. 농인을 돌보지 않고 내버려두는 청인의 세계로 돌아가는 거다. 난 앞으로 잘 해낼 수 있을까?

사회복지사는 대학에 가는 걸 그만두는 게 어떻겠냐고 했지만 나는 되돌아갈 길이 없다고 대답했다. "힘들어지면 언제든 그만두세요"라는 말을 여러 번 반복해서 들었다. 당시 나에게 그만둬도 좋다고 말해준 건 그 사람뿐이었다.

진찰이 끝나고 약국에 가서 처방전을 내밀었더니 약제사가 "어머, 고양이 씨" 하고 알은체를 했다. 내가 강사를 하던 수화 교실 수강생이었다. '이 처방전을 보이고 싶지 않은데.' 나는 순간적으로 몸이 움츠러들었다. 그러나 그녀는 프로였다. 아무것도 묻지 않고 "몸조심하세요"라고만 했다. 약에 대한 설명도 수화로 해주었다.

심료내과에서는 링거를 놔주지 않았기 때문에 다시 종합병원까지 걸어갔다. "링거를 맞고 싶어요, 열이 있어요"라고 종이에 쓰자 간호사가 말했다. "어머 농인이세요? 수화 통역을 부를까요?" 나는 정말로 울고 싶어졌다. 링거를 맞으며 침대에 누워 방울방울 눈물을 흘렸다. 간호사가 보러 와서는 걱정스럽게 많이 아프냐면서 너스콜(병원용 통신 설비—옮긴이)을 손에 쥐어주었다.

이렇게 행복한 생활로부터 떨어져나가야 한다는 생각에 마음이 아팠다. 그렇게 수화를 우습게 여기는 세계로 꼭 들어가야만 하는 걸까? 대학이란 세계는 그토록 청인만을 위한 세계란 말인가?

레퀴엠

대학 입학이 결정된 뒤에는 수강권 보장자, 즉 수화통역자라든가 컴퓨터 통역자라든가 노트 테이커를 구하기 위해 필사적으로 뛰어다녔다. 미국에 있을 때 함께 식사를 하던 대학 교수님(농인)이 일본에 가면 대학에 편입학해서 열심히 하라고 격려해주셨다. 나는 "일본 대학에서는 수화 통역이 없어서 어려울 거 같다"고 답했다. 그 대화는 다음과 같이 이어졌다.

교수님 "어미 새도 가장 큰 소리로 우는 새끼 새에게 먹이를 주잖아. 만약에 새끼 새가 울지 않는다면 어떻게 될까?"

고양이 "아마, 약해져서 죽지 않을까요?"

선생님 "그렇겠지. 농인도 마찬가지야. 없으면 없다고, 괴로우면 괴롭다고, 필요한 게 있으면 필요하다고, 큰 소리로 외쳐야 돼. 외치는 걸 그만두면 죽는 거나 같아."

그리하여 외치기 시작한 순간부터 여러 사람이 나타났다가 사라져

갔다. 예를 하나 들어보겠다. 필사적으로 통역자를 찾다가 한 사람을 만났다.

그 사람이 "제가 통역자로 서포트해주었던 사람이 있는데, 그 사람이 쓴 책을 보내주겠습니다"라는 것이었다. 깊게 생각하지 않고 고맙게 받았다. 그 책의 책장을 넘기며 '이건 좀 이상해' 하는 생각이 들었다. 성인식 때 찍은 사진 등, 성장을 하고 찍은 기념사진이 많았다.

이 사람은 지금 뭘 하고 있을까?
이미 대학을 졸업했나?

책을 끝까지 다 읽고 나서 나는 '자사(自死)'라는 단어를 하나 발견했다. 머릿속에 들어있지 않던 처음 보는 단어였다. '스스로' '죽다'? 자살이란 뜻인가? 하지만 왜?

사진 속에서 미소 짓는 그 사람은 수강권 보장 투쟁 끝에 정신병에 걸려 인생을 강제 종료해버렸던 것이다. 이제 곧 대학생활을 시작하려는 나에게 왜 이 책을 보낸 걸까? 수강권 보장자를 구하느라 진을 빼고 있던 나에게 그 책은 큰 충격을 주었다.

그 뒤에 책 속의 그 사람 부모님과 편지를 주고받았다. 몇 번쯤 그 추모집을 학교에 가지고 갔다. 나에게는 입학한 뒤의 1년이 무척 힘든 시기였고 그 사람이 과거에 받은 고통이 어떤 것이었는지 사무치리만 큼 잘 알 수 있었다. 힘든 '이 시간'을 공감해줄 수 있는 유일한 사람은 책 속의 '그 사람'이었다.

그리고 생각이 났다, 선생님의 말이.
"외치는 걸 그만두면 죽는 거나 같아."
이어서 생각이 났다, 심료내과에서 사회복지사가 해줬던 말이.
"힘들어지면 언제라도 그만두고 돌아와요."
마지막으로 중얼거렸다, 나의 답을.
"되돌아갈 순 없어. 돌아갈 곳은 아무 데도 없어."
'그 사람'은 외치는 걸 그만두고 죽었다. 계속 외친 나는 매일같이 내일은 통역자가 있을까 걱정하면서 힘든 나날을 보냈다. 농인 한 사람이 수강권 보장 문제로 괴로워하다 병들어 죽어도 누구 하나 깊은 관심을 보이지 않는 것이 이 사회의 현실이다. 수강권 보장 제도의 허술함을 견디지 못해 자퇴하는 사람도 많다고 한다. 그러나 자퇴하고 난 다음에는 정말로 살아 있어도 죽은 것과 다름없는 상태로 살게 되지 않을까.
'그 사람'이 다녔던 대학의 자료를 주문했다. 화가 날 정도로 깨끗이 인쇄된 신년도 모집요강이 들어 있었다. 돌보지 않고 내버려두는 것은 종합교육이 아니다. 종합교육이라면 삶에 어떤 가능성이 있는지 가르

쳐줘야 하는 것 아닌가? 농인으로 사는 것에 의미를 느낄 수 있게 해주
는 교육은 과연 무엇일까.

귀를 줘, 손을 줘

고양이 "있지, 오늘 하루 당신 귀 좀 빌려줘."
거북이 "그럼, 난 당신 손을 줘."

이런 대화를 한다. 물론 이건 농담이다. '고양이가 청인의 귀를 갖는 것'이나 '내가 농인의 손을 갖는 것'은 불가능한 일이다. 하지만 이런 말을 주고받으면서 즐겁게 웃는다.

물론 그 배경을 알면 한가롭게 웃을 수만은 없는 얘기다. 왜 농인인 고양이가 '귀가 필요하다'라고 느끼는가. 대학에서는 귀로 듣지 않으면 손해를 보는 경우가 너무나 많기 때문이다. 예를 들어 어학에서는 회화 수업을 필수로 들어야 한다. 또한 매일매일 강의 통역자와 연락하느라 시간을 빼앗긴다. 매너를 모르는 교원을 대하다가 기분 상하는 일도 종종 있다. 청인인 대학생은 그러한 쓰라림을 전혀 느끼지 않는다. 일단 일본의 대학은 청인에게 유리한 공간이다.

고양이가 옛날에 미국 대학에서 유학했을 때의 이야기를 많이 들었다. 동급생은 모두 농인. 농인인 교원도 많고 청인인 교원은 수화를 못

하면 해고다. 들리지 않는다는 것 때문에 손해를 보는 일이 전혀 없는 '농인의 나라'가 실현된 대학이다. 농인만 있는 학생 기숙사에서 살 때에는 '한밤중에 소리에 신경 쓰는 청인이 없었기 때문에 마음 편했다' 할 정도로 자연스럽게 농인으로 지낼 수 있었다.

고양이는 보통 보청기를 쓰지 않는다. 보청기를 끼더라도 음성언어를 알아듣기는 힘들다. 그러한 농인에게 '역시 귀가 있는 편이 좋아ㅡ.(울음)' 하는 생각을 하게 만드는 건 아주 혹독한 사회다. 앞서 한 농담의 배경에는 이렇듯 꽤 무거운 주제가 깔려 있다.

거북이 "그럼, 오늘 하루 귀를 빌려줄게. 밤에 돌려줘."
고양이 "돌려주지 않을 거야. 그대로 내 걸로 할래."
거북이 "왜 그래. 하나씩 나눠 갖자."
고양이 "얼마에 사 갈 건데?"
거북이 "이봐."

이런 말을 하며 고양이는 학교에 간다.

그런데, 내가 바라는 건 '농인의 손'이다. 나에게도 알고 보면 꽤 진지한 고민이 있다.

수화를 시작한 뒤로 벌써 몇 년이 지났다. 그런데도 수화가 100퍼센트 잘 되진 않는다. 고양이의 수화를 부분 부분 놓치고는 "왜 모르는 거야!" 하고 야단맞는다.

고양이가 갖고 있는 것 중에 탐나는 건 뭔가. 수화 능력이다. 아이 때부터 같은 지역의 어른 농인들과 접하며 계승한 수화 능력. 그걸 익힐 수 있으면 얼마나 신날까. 난 고양이에게 "당신의 그 손을 줘"라고 제법 진지하게 말한다.

고양이 "수화를 익힌 건 손이 아니야. 내 뇌야."
거북이 "그럼 손과 뇌를 세트로 줘."
고양이 "멍청이, 누가 뇌까지 주냐."

"귀를 줘." "손을 줘."
서로가 자신에게 없는 것을 요구하는 거니 일단은 쌍방향 농담이 성립된다. 겉으로 보기에는 대등하다.

그러나 실은 대등하지 않다. 고양이가 귀를 얻는 건 현실적으로는 불가능하다. 아무리 기술이 발전한다 한들 농인을 100퍼센트 청인으로 바꾸는 방법은 나오지 못할 것이다. 인공내이 수술이라는 방법이 개발되기는 했으나 부분적인 청력 확보에 머물 뿐이다. 고양이가 요구하는 것은 단지 들리기만 하는 것이 아니다. 그녀의 최종적인 관심은 '들리는 것' 그 자체가 아니라 '정보가 커다란 가치를 지니는 사회 속에서 기분 좋게 사는 데'에 있다. 미국처럼 농인의 권리를 지키려는 태세가 되어 있다면 귀를 향한 욕구는 그렇게 커지지 않을 것이다. 하지만 일본처럼 소홀히 취급된다면 그 욕구는 영원히 채워지지 못할 만큼 부풀 것이다.

반면에 내가 수화 실력을 향상시키는 건 노력하면 할 수 있는 일이다. 100퍼센트 농인 수준이 되는 건 평생 걸려도 못하겠지만 조금씩 향상시켜갈 순 있다. "손을 줘" 하는 건 나의 채워지지 않는 마음이기도 하지만 가까이 다가가고자 하는 목표이기도 하다.

이렇듯 완전히 대등하다고 할 수 없는 현실이지만, 당장 해결될 수 없는 문제를 파고들어 아침부터 침울해질 이유는 없다. 그래서 "귀를 줘" "손을 줘" 하며 대등하게 부딪치고, "싫어" "얌체" "어째서" "하하하" 하고 딴청부리는 말장난으로 하루를 시작하는 것이다.

수강권 보장을 위한 컴퓨터 통역

　수화 학습자가 수화통역자로까지 발전하려면 여러 해가 필요하다. 지금까지로 보아 수화통역자는 오로지 생활지원 분야와 공적 이벤트 분야에서 통역 업무를 맡을 뿐이다. 대학이라는 교육기관을 위한 통역자는 아직 공적으로 양성되고 있지 않다. 자신이 그 과목을 대학에서 전공했다든가 같은 계통의 대학원을 나왔다든가, 또는 같은 계통의 연구자인 수화통역자는 대학 강의를 수화로 통역할 수 있다. 하지만 그렇지 않은 사람일 경우, '수화로 이런 전문용어를 어떻게 표현하지!' 하고 패닉 상태에 빠질 것이다. 학술 용어가 아직 수화로 확정되어 있지 않기 때문에 일본어 대응수화(199쪽 칼럼(4) 참조)로 통역할 수밖에 없다.

　그래서 나는 생각한다. 대응수화를 보며 강의를 따라가는 것보다는 처음부터 눈에 보이는 일본어 자막이 낫다고. 따라서 대학생활에서는 컴퓨터 통역이 반드시 필요하다. '컴퓨터 요약 필기'라는 것이 정식 표현인 모양이다. 그러나 나는 통역이라는 표현을 쓰겠다. 시간 제약이 있는 관계로 강의를 요약해서 전할 수밖에 없다 하더라도 들리지 않는 사람의 입장에서 보면 그게 모든 정보이며 통역 내용이 되기 때문이다. 요

약이다 아니다가 중요한 게 아니다. 요약된 정보라 하더라도, 달리 정보
가 없는 사람에게는 그게 통역이다. 그러한 절실함이 있다는 걸 알았으
면 한다. 하지만 컴퓨터 통역도 수강을 보장해주기에는 절대적으로 부
족하다.

키보드를 빨리 칠 수 있다고 통역을 할 수 있는 것은 아니다. 하지만
타이핑이 가능한 사람은 일단은 통역을 할 소질은 있는 것이다. 타이핑
은 수화 통역보다 훨씬 빨리 마스터할 수 있지 않은가? 게다가 타이핑

은 일본어로 한다(영문학이라면 영어일 수도 있지만). 일본어를 요약하는 기술이야 필요하겠지만 전혀 다른 언어인 수화로 번역하지 않아도 되니까 좋다. 그러니 키보드 입력에 자신이 있는 사람은 정보 보장이란 무엇인가 정도를 숙지한 다음 바로 현장에 나왔으면 한다. 오늘도 내일도 대학 강의실에는 어려움을 겪는 사람이 많을 테니까. 뭐, 이렇게 말을 하면 "훈련도 쌓지 않고 현장에 나가면 통역을 제대로 못할 텐데……" 라는 반론이 나올 법하다. 이런 사람들은 현실을 직시하기 바란다. 나는 '거의 아무런 훈련도 쌓지 않고 현장에 나선' 사람이 해주는 통역으로 수업을 들으며 지낸다. 대학의 수강권 보장에 대해 잘 아는 전문가가 와주면 무엇보다 기쁘겠지만 그렇게 되지 않는 게 현실이다. 나로서는 선택의 여지가 없을 만큼 통역자가 부족하다.

'노트 필기를 해줄 것 같은 사람'으로 친구가 한정되어버릴 것 같은 생활을 하는, 그러면서 그걸 우정이라고 착각해야 할 것 같은 생활을 하는 사람이 지금도 많을 것이다. '친구를 사귀어서 노트 필기를 해달래야 지' 하고 낭만적으로 말할 수도 있겠지만, 사실은 '노트 필기를 해줄 것 같은 성실해 보이는 사람과 친구가 되지 않으면 졸업 때까지 살아남을 길이 없다'고 여기는 게 현실에 가깝다. 이처럼 '우정'을 구걸하는 심정이 되지 않기 위해서라도 강의 통역자는 필요하다.

'통역자 모집' '일의 대가는 지불합니다'라는 자세가 확립되어 있지 않은 대학 당국이 문제다. 누구라도 자신이 환영받지 않는 곳에서는 일을 하고 싶지 않을 것이다. 수강권 보장을 위해 통역할 사람이 늘어나지 않는 것은 이 때문이다. 게다가 낮 시간대에 다른 일을 하는 사람은 통역을 할 수 없다. 현재 이 일에 지불되는 급료는 낮일에 합당할 만큼의 액수에 훨씬 못 미친다. 이것도 인재가 부족한 원인일 것이다.

덧붙여 말하자면 나는 만약 내세에 귀가 들리는 사람으로 태어난다면 컴퓨터 통역을 할 작정이다. 생활 지원도 중요하지만 교육의 기회 보장도 중요하다. 그걸 가능하게 하는 것이 컴퓨터 통역이다! "네에? 수화 통역이 아니구요?" 하고 이의를 제기할 사람이 있을 법하다. 앞으로 수화에 학술적인 용어가 보급된다면 수화 통역도 좋겠지만, 그때까지는 일상생활에서는 수화로 의사소통을 하고, 강의 때 통역은 컴퓨터로 했으면 한다.

리포트 쓰는 걸 방해하는 채피

나는 책을 싫어하지 않는다. 추리소설을 좋아해서 많이 읽는다. 예를 들어 '죽었다고 생각한 아내가 살아 있었다!' 하는 식의 책을 좋아한다. 어디 갈 때면 반드시 책을 갖고 나가 전철 안에서 읽곤 한다.

그런데 최근에는 이러한 가벼운 책은 못 읽은 지 오래다. 1년 전에 산 《마음이 편안해지는 책》이라는 책도 그냥 놔둔 채로다. 늘 해야 할 과제와 참고도서가 식탁 위에 하나 가득 쌓여 있거나 펼쳐져 있다. 재미있게 술술 읽히는 내용은 하나도 없다. 온통 으악 하고 머리를 감싸 쥐어야 할 책들뿐이다.

그것들을 몽땅 읽어치울 작정으로 우선 복사물들을 붙잡고 이해한 내용을 알기 쉬운 일본어나 그림으로 바꿔 써나갔다. 모르는 부분은 '?'라고 썼다. 그렇게라도 하지 않으면 무슨 말을 하려는 건지 도통 이해할 수가 없다.

그러나 연구자들은 참으로 난해한 말을 좋아한다. 좀더 알기 쉬운 말로 쓸 수는 없는 걸까. 마치 깨진 수은 체온계에서 나온 수은이 마루 위를 또록또록 굴러다니는 느낌이다. 내용이 뇌 속으로 들어와주질 않는다. 이럴 때에는 수화 번역에 의존하는 것이 최고다.

　고양이 "이런 책 알아? 수화로 번역해줘."
　거북이 "읽은 적 없는데~. 읽은 책이라면 몰라도……."
　고양이 "그럼 빨리 읽어."
　거북이 "리포트 마감이 언제야?"

　그렇다. 나는 지금 리포트에 쫓기고 있다. 그것도 구원(救援) 리포트다. '구원 리포트'란 내가 멋대로 붙인 이름이다. 요컨대 교수님이 "다른 청인 학생과 똑같이 시험을 보게 할 수 없으니까 리포트를 내도록 하세요"라고 해준 경우다.
　내가 농인이라는 걸 교수님들이 알게 되는 계기는 여러 가지지만, 대체로 노트 필기 내용을 가지고 질문을 하러 갔을 때다.

　"이런 내용이 아닌데……."
　"통역자는 뭘 한 거지?"

　통역자를 너무 탓할 건 없다. 손으로 쓴 노트 필기는 정보량에 한계가 있다. 아무리 열심히 애를 써봐도 30퍼센트, 학생에 따라서는 15퍼센트밖에 못 쓸 때도 있다. 교수님이 노트 필기 분량에 충격을 받고

"시험에 대해서는 좀 생각해볼게요" 하곤 한다. 다양한 대안이 나올 수 있지만, 물론 내가 먼저 시험을 리포트로 대체하게 해달라고 부탁하지는 않는다. 워낙에 그런 '배려'를 좋아하지 않는다.

그런데 우리 집 채피는 새장 안에 가만히 있다가도 내가 공부하고 있을 때만 골라서 밖으로 나와 날갯짓을 하며 머리 위로 날아온다. 채피가 머리에 앉아 있으면 머리에 발톱이 꽉 박혀 아프기 때문에 새장으로 되돌려놓는데 그럴 때면 다시 밖으로 나와 쭝얼쭝얼거린다. 마치 "고양아ㅡ, 놀아줘ㅡ", "고양아ㅡ, 뭐 해ㅡ" 하는 것 같다. 몇 번이나 새장에 되돌려놓아도 폴짝폴짝 나오기 때문에 할 수 없이 채피를 왼손에 앉히고 책을 읽으면서 필기를 한다. 책장을 넘길 때마다 채피가 움찔한다. 그 느낌이 채피의 발을 통해 손으로 전해진다. 30분이나 그렇게 하고 있자니 팔이 무거워져서 내려놓고 싶어졌다.

고양이 "이제 집으로 가."

채피 "♬"

고양이 "잉꼬가 이런 늦은 시간까지 안 자다니…… 너 불량스럽구나."

채피 (콕……. 손가락을 문다.)

고양이 "!"

결국 두 시간쯤 부자연스럽게 왼손을 든 채로 작업을 계속했다. 낮은 곳을 싫어하는 습성이 있는 잉꼬는 팔을 내리면 머리 위로 날아오르기 때문이다. 꼼짝 않고 앉아 있어준다면 머리 위라도 상관없는데 책장 넘기는 소리나 작은 움직임에도 일일이 반응을 해 머리에 발톱을 찔러 넣기 때문에 아파서 견딜 수가 없다. 채피의 날개에 뺨을 갖다 대자 곡물 냄새가 났다. 선명한 초록색 날개를 바라보며 '두 사람의 세계' 아니, '한 마리와 한 사람의 세계'에 빠진다.

고양이 "사랑해 —." (날개에 뺨을 문지른다.)
채피 (콕.)

책은 산처럼 쌓였고 그걸 다 읽으려면 멀었다. 그래도 열심히 하자. 아무리 속도가 안 난다 할지라도 되돌아가지는 않을 것이다.

완벽하게 치유되지 않는 휴식

인간에게는 휴식이 필요하다. 폭풍우 같은 일주일, 한 주 내내 일을 하고 나면 일요일이 온다. 일요일은 휴식. 나는 요즘 일요일에 뭘 하고 지낼지 고민한다.

요전번 일요일에는 오사카에 가서 아프리카 에티오피아의 댄스쇼를 보고 왔다. 감동해서 눈물이 나올 것 같았다. 아, 댄스를 배우고 싶어. 태초의 리듬감이 몸 어딘가에 남아 있을 텐데. "일주일 연습을 소홀히 하면 근육이 지방이 된다"라는 말이 있지. 지금이야 내 근육이 몽땅 지방이 됐겠지만. 나는 춤을 볼 때 댄서의 발을 보고 리듬을 파악한다. 귀가 들리지 않는다고 해서 춤을 못 출 건 없다.

평화로운 일요일을 보내고 월요일 아침을 맞이하면 나는 패닉 상태가 된다. 예습을 안 한 날은, '꺄악, 어제 노는 게 아니었어!' 하는 등. 아침부터 통역 건으로 거북이와 싸우는 것도 다반사. 굳이 통역 건으로 싸울 것까지야…… 하는 건 몰라서 하는 소리다. 실제로는 나날의 생활 속에서 싸운다.

● '사이코로'는 일본어에서 '주사위'라는 뜻.

거북이 "있지, 우리 통역 건으로 싸우지 말자구."

고양이 "당신은 통역자로서 어떤 생각을 갖고 있는데?"

거북이 "대학 제도상의 문제도 있잖아."

고양이 "당신은 어떻게 생각하냐구. 말해봐!"

거북이 "그야 도와주고 싶지!"

이런 식으로 감정적인 대화가 되고 만다. 손에 닿는 대로 베개가 날고 잡지도 날아간다(하긴, 던지는 사람은 나지만……). 통역 문제는 피곤한 문제라서 얼른 진정되지 않는다. 대학생활도 3년쯤 되면 피로가 쌓이나. 거북이도 지쳤고 나도 지쳤다. 일주일에 5일은 하루도 빠짐없이 통역이 필요한 생활이라니…… 무섭다. 진정한 평등을 목표로 한다면 일주일에 이틀은 선생님이 수화로 수업을 하면 될 것을. 들리는 학생 쪽이 수화통역자를 찾아오라고 하고.

"선생님, 그 수화를 일본어로 어떻게 하는지를 모르겠어요."

"수화가 너무 빨라서 적절한 일본어로 통역할 수 없어요."

"요약 필기로는 30퍼센트 정도밖에 전달되지 않는데 괜찮습니까?"

선생님이 "모르는 부분은 고양이 학생에게 도움을 받도록 하세요." ……하면 얼마나 신날까.

"고양이 학생, 이 부분은 좀 도와주지 그래."

"네ㅡ." 고양이가 얼굴 가득 선의의 웃음 띠고 등장하면 청인 학생들은 "필요 없어!"라고 외치고 싶어질 것이다. 가끔이라면 도움을 받는 것이 기쁠지도 모르지만 매일매일이 그런 상황이라면 기쁠 리 없으니까.

먹고 싶지만 못 먹는 것

미국에서 살던 추억을 얘기했더니 거북이가 걱정했다.

거북이 "미국은 좋았다, 지금은 힘들다, 그렇게 생각하는 거지?"
고양이 "그야 분명히 좋았지."
거북이 "지금 그런 생각만 하고 사는 건 좋지 않아."
고양이 "하지만 미국에서는 아이스크림도 마음껏 먹을 수 있었어."
거북이 "그런 문제가 아니잖아……."

……이렇게, 나는 논지에서 빗나가곤 한다. 하지만 미국의 아이스크림이 맛있었던 건 사실이다. 하겐다즈 1파인트(473밀리리터)를 혼자서 깨끗이 먹어치웠다. 일본 사이즈는 120밀리리터. 작아서 영 먹은 것 같지 않다. 그건 그렇고, 요즘은 조금 지친 탓인지 초심을 잃을 것 같다.

먹을 것에 대한 얘기를 하자. 실은 대학에 들어간 뒤로 못 먹게 된 것이 있다. 아니, 엄밀히 말하자면 먹는다고 뭐라고 할 사람은 없겠지만, 내가 조심하는, 그래서 먹을 수 없는 음식이다.

　강의 내용을 노트 테이커가 써줄 때 노트 테이커와 거리가 '신체가 밀착'될 것 같을 정도로 가깝다는 것이 비극의 시초였다. 딱 달라붙는 건 아니지만 너무나도 가까이 앉아야 하기 때문에 입 냄새가 날 것 같아 맘대로 먹을 수 없게 된 음식이다.

　그래서 '방학이 되면 마음껏 먹을 거야!' 하고 속으로 다짐할 정도다. 그건 김치와 마늘. '생마늘 벌꿀 간장 절임' —이건 체력 유지에 필수적이다. 주위에서 "조금쯤은 먹어도 괜찮잖아" 해주기도 한다. 하지만 내가 먹는 양은 '조금'이 아니다. 한 번에 한 손 가득 쥐고 먹지 않으면 만족스럽지가 않다. 배추 몇 포기 단위로 김치를 먹어치우던 내가 우아한 양만으로 참을 수는 없다. 일본의 가게에서 흔히 파는 김치는 양으로 치자면 아껴 먹어도 2, 3일 만에 텅 비어버린다.

나는 마늘이 그렇게 냄새가 난다고는 생각하지 않는다. 그야 누군가 마늘을 먹었다면 금방 알지만 '아유~, 냄새야' 하지는 않는다. 단순히 '아~, 마늘을 먹었구나' 할 뿐. 그건 '아~, 카레를 먹었구나' 하는 것과 같다. 하지만 일본인은 '아유~, 냄새야', '냄새 나~' 하지 않는가. 그렇게 안 좋은 냄새가 나나. 나는 미국에 푹 빠졌지만 '미국과 한국 중 어느 쪽을 고를 것인가'라는 질문에는, 농인에 대한 환경만 같다면 한국을 고를 거라고 말하겠다. 그 정도로 한국의 음식 문화는 나에게 딱 맞는다.

얼마 전에 일본 냉면을 먹다가 한국의 비빔냉면이 생각났다. 고추장을 뿌린 새빨간 냉면이.

고양이 "매일매일 먹었으면 좋겠어……."
거북이 "그렇게 좋아해?"
고양이 "응, 김치를 산처럼 쌓아놓고 먹고 싶어."
거북이 "아, 김치 얘기군. 당신 그거 정말 좋아하지."

먹고 싶어 견딜 수가 없어서 방법을 찾았다. 본격적인 오이김치까지는 아니지만 오이에 고춧가루를 뿌려 장아찌처럼 만들어서 차게 식혔다. 그걸 우걱우걱 먹고 기분 전환을 했는데 역시 김치 같지는 않았다.

체력 유지에는 김치다. 김치를 안 먹으면 체력이 눈에 띄게 떨어지는 걸 느낀다. 대학에 다니기 시작한 뒤로 김치를 먹는 비율이 90퍼센트 이상 줄어든 것 같다. 매일 먹었었는데 지금은 냉장고에서 그 그림자도 찾아볼 수 없으니 말이다.

수화하는 소크라테스

소크라테스의 철학 대화를 일본 수화로 번역해봤다. 고양이가 대학에서 철학 강의를 들을 때 일이다. 5월 연휴 동안 하라고 내준 숙제가 "《소크라테스의 변명·크리톤》*을 읽고 정리한 후 자신의 생각을 논하라"라는 것이었다.

고양이는 "머리에 잘 들어오질 않아" 했다. 워낙 먼 옛날의 그리스 고전인 데다 일본어 번역도 딱딱하니 읽기 힘들만도 했다. 연휴에 둘이서 여행을 갔는데 거기까지 문고본을 가지고 와서는 "으아앙, 어쩌면 좋아……" 하며 계속 힘들어했다.

책은 철학자 소크라테스와 친구 크리톤의 대화로 이루어진 연극 각본 비슷한 구성이었다. "어디 한번 수화 회화로 바꿔서 해볼까?" 그런 가벼운 발상으로 장거리 버스 안에서 《소크라테스의 변명·크리톤》을 일본어 수화로 번역하는 철학 대화가 시작됐다.

고양이는 옥중 소크라테스 역할, 나는 친구 크리톤 역할. 양쪽 다 농인이라고 치고 책 한 권을 주거니 받거니 수화로 의역을 해나갔다.

이야기는 날이 밝기 전, 크리톤이 몰래 감옥에 숨어 들어간 부분부

터 시작된다. 사형 선고를 받고 옥에 갇힌 벗 소크라테스를 탈옥시키려
는 것이었다. 갑작스러운 벗의 방문에 소크라테스는 잠에서 깨어 놀란
다.

소크라테스 "너무 이른 시각 아닌가." → 【 지금 / 아침 / 빨라? 】
크리톤 "그건 그렇다." → 【 물론 】
소크라테스 "몇 시쯤이지?" → 【 시간? 】(일본 수화로는 손목시계를 가리
        킨다.)
크리톤 "아직 해 뜨기 전이다." → 【 일출 / 아직 】

고대 그리스 시대에 손목시계는 없었지 아마……. 서로 웃어가면
서 이런 느낌으로 수화 대화를 계속했다.
"크리튼이여"는 농인 사이의 습관에 따라서 상대의 어깨를 톡톡 두
드려 부르는 방법으로 표현했다. 실제로는 두 사람 사이를 감옥 벽이 가
로막고 있으므로 어깨를 두드릴 수는 없었겠지만. 뭐, 그 부분은 연극
이니까.
물론 어깨를 두드리는 방식도 한 가지가 아니다.
"친해하는 벗 크리톤이여." → 정중하고 부드럽게 툭툭.
"거듭 묻겠는데, 크리톤." → 툭툭툭툭 하고 끈질기게.
"그렇다, 크리톤." → 기세 좋게 탁.

크리톤은 처음에는 의욕에 차서 탈옥하라고 설득했다.

"도망쳐라." → [도망치다 / 필요 / 자네]

"자네도 잘 알고 있을 테지." → [안다 / 터 / 자네]

그러나 소크라테스는 주관이 강한 인물이다.

"그런 행동을 해야 할지, 생각해봐야 한다." → [도망치다 / 어느 쪽 / 생각한다 / 필요]

"결론적으로 난 내 신념을 버릴 수 없다." → [결국 / 나 / 주의 / 버리다 / 무리 / 의미]

소크라테스의 반론에 크리톤은 차차 무너진다.

"그 질문에 대답할 수 없다." → [질문 받다 / 대답 / 무리 / 나]

"도리가 없군." → [어쩔 수 없다]

소크라테스가 독백하는 장면을 수화로 옮기는 것이 좀 어려웠다. 그의 이야기 속에 '국가'니 '국법'이니 하는 개념이 등장했다. 국가나 국법이 마치 살아 있는 인물처럼 "소크라테스여, 도대체 자네는 뭘 하려고 하는가" 하고 말을 던졌고 소크라테스는 그에 대해 대답을 찾아야 했다. 공상 속의 대화에서처럼 인간이 아닌 존재가 등장할 때는 수화로 어떻게 번역해야 하나.

법률이니까 책에 실려 있는 법조문이라고 보면 될까……, 아니면 어떤 관리가 나라를 대변해서 말하는 것으로 해야 하나? 아니, 역시 수화는 직접화법이 살아 있는 언어다. '국법'도 하나의 캐릭터로 치고 저기 어디쯤에 서서 말하는 것으로 설정했다. 물론 이 '국법'도 수화로 얘기한다.

그러자 신기하게도 그냥 개념에 불과했던 '국법'이 표정과 존재감을 가진 인격이 되어 눈앞의 공간에 나타났다. "소크라테스, 대답하라." "이런 것도 모를 만큼 너는 현명치 못한가." "이 세상을 떠나는 거다." ……사악한 얼굴로 소크라테스의 약점을 건드리고 사형을 선고하는 '국법 씨'.

농인 소크라테스는 '국법 씨'의 수화 설교를 들으며 "어떻게 대답해야 하지?" "동의하지 않을 수 없군……" 하다가 결국에는 어깨를 축 늘어뜨리고 사형을 받아들인다.

이 부분은 모두 소크라테스가 상상해서 주고받는 대화다. 그의 마음속 망설임을 그리는 장면에서 개념 하나하나 표정 있는 인격이 되어 눈앞의 실제 공간에서 얘기하는 것으로 설정했더니 생생하게 느껴져 이해하기 쉬웠다. 일본어를 모어로 하는 나는 철학 대화를 이만큼 실감 나게 이해한 적이 없었다.

거북이 "있지, 어땠어?"

고양이 "아, 이제야 알 것 같아! ……철학도 별 대단한 얘기가 아니
　　　　네."
거북이 "그런가?"
고양이 "소크라테스는 따지고 보면 고집쟁이 아저씨야."
거북이 "……."

문제의 리포트도 수화로 제출할 수 있으면 좋았을 텐데 그렇게 할
수는 없었다. 교수는 수화를 모르는 청인이다. 고양이는 머리에 쏙 들어
온 농인 소크라테스의 사상을 다시 일본어로 번역해 리포트를 썼다. 결
과는 합격점이었으니 만족이다.

● 글 속의 인용 부분은 플라톤의 《소크라테스의 변명·크리톤》(구보 츠토무 번역, 이와나미 문고,
　1997.)에 기초했습니다. 단, 일부 글씨와 한자 표기를 읽기 쉽게 바꿨습니다.

청인만을 위한 커리큘럼

대학생활을 참 오래 하고 있다. 대학의 수업 내용은 모두 청인 위주로 되어 있다는 걸 온몸으로 실감하면서 말이다. '통역자를 구하면 되는' 것이 아닌 게 너무나 많다. 강의 시간 90분을 스트레스에 꽉 차서 보낸다. 여기서 배우는 게 있다면,

"농인은 이렇게 설명해가지고는 이해 못한다."
"나라면 이런 수업 방식은 절대 사용하지 않을 것이다."

하는 반면교사로서의 교훈인가. (비아냥?)

쏼라 쏼라 쏼라 쏼라⋯⋯. 영어 문장을 읽어나가면서 이 단어의 악센트는 이렇다, 저렇다 해봤자 나는 전혀 실감이 안 난다. 그런 건 글로 써서 보여줘도 모른다.

"이 행의 악센트는 여기와 여기와 여기, 이래서 모두 다 하면 일곱 개입니다."

이봐, 그런 소리 해봤자⋯⋯ "여기와 여기"라니 도대체 어디?

으음. 뭐 일곱 개니까 외우라면 외우겠지만. 실감도 못하면서 외우는 건 의미가 없을 텐데. 게다가 잘못 외우면 꽝이잖아. 아아, 조금이라도 들리면 얼마나 좋을까. 이럴 땐 '안 들려도 괜찮아' 할 수가 없다. 들리는 편이 한없이 이득이다. 수업 방식 자체가 그렇게 돼먹었다.

고양이 "악센트 말이야, 그거 어떻게 외워야 해?"

거북이 "뭐, 보통은 귀로 듣고 기억하지."

고양이 "느낌이 없는 걸. 휙휙 읽어버리니까 모르겠어."

거북이 "으음."

고양이 "선생님이 일방적으로 말하는 걸 듣는 게 아니라 내가 스스로 읽어보고 '아, 여기구나' 할 수 있도록 하나하나 확인하면서 가르쳐줬으면 좋겠어. 선생님 대신 발음 가르쳐줄래?"

거북이 "……"

음독하는 곳은 글자로라도 좋으니까 어떻게 읽는지 전부 가르쳐주면 좋겠는데 휙 읽으면서 귀로 익히라고 한다. 눈도 빙글빙글 머리도 빙글빙글 돌아버릴 지경이다.

헬렌 켈러가 water를 소리 내어 말한 것에 의미가 있다면 그건 뭐였을까, 하는 생각을 해본다. 헬렌도 자신이 발음하는 걸 설리번 선생님이 듣고 "그래, 바로 그거야!" 하고 확인해주지 않았다면 뭐가 바른 발음인지 전혀 알 수 없었을 것이다. 나도 마찬가지다. 그런데 확인도 하기 전에 휙휙 읽어버린다.

"낭독하겠습니다. (읽는 중) 악센트의 개수는 어느 행이나 같지요. 이러한 것을 이러쿵저러쿵이라고 합니다. 악센트, 첫째 줄과 둘째 줄을 보세요. 이러쿵저러쿵으로 되어 있으니 형태가 같은 거지요……"

잠깐. 휴우, 아무 느낌도 없어. 이런 식으로 영어 교육을 받으면 영어가 싫어지는 게 당연해. 나도 최근에 영어가 싫어졌다. 중학교에서 처음으로 영어를 공부했을 때는 선생님이 수화를 아는 분이라서 수업할 때 지화(指話)를 사용하기도 했다. 그 다음에는 가능한 한 판서. 그렇게 해서 가르쳐줬기 때문에 나도 수업을 따라갈 수 있었다. 대학에서도 그렇게 하면 좋을 텐데. 이 일을 어쩐다? 멍청히 생각하는 사이에 수업량은 따라갈 수 없을 정도로 쌓여만 간다.

배리어 프리와 수화 통역

수화 통역의 대상자, 즉 농인이 참가하느냐 안 하느냐를 사전에 파악하지도 않고 수화통역자를 등장시키는 행사가 늘어났다. 이게 바람직한 현상일까. "이 행사의 주최자는 복지에 관심이 많습니다" 하는 걸 참가자에게 보여주는 것이 목적인 퍼포먼스다. 그런 퍼포먼스 요구에도 응할 수 있을 만큼 수화통역자가 충분한가. 농인 생활을 지원하는 통역 요구에도 응하기 힘들 정도라고 하지 않는가. 그런데도 대상자가 아예 없거나 대상자가 올지 안 올지 모르는 행사에 수화통역자를 부른다는 건, 수화를 사회적으로 알린다는 이점은 있지만 수화통역자가 모자라는 현실에는 어울리지 않는다.

내가 다니는 대학에서는 입학식과 졸업식 때 대상자가 있든 없든 수화 통역을 붙이기로 방침을 정했다. 일부러 "수화 통역을 붙여주세요" 하지 않아도 되니 잘된 일이다. 다만 재학 중 수강권 보장이 제대로 이루어지지 않은 현장을 겪어본 당사자로서는 입학식과 졸업식에서 수화 통역이 보장된다는 것을 강조하는 것이 기분 좋지만은 않다. 그러려면 재학 기간에 열리는 행사에도 통역을 붙여라.

학내에서 강연회를 기획한 학생이 "이러이러한 행사를 하니 보러 오세요" 하는 메일을 보내온 적이 있다. 하지만 수화통역자가 있는지는 쓰여 있지 않았다. "그 기획은 재밌을 것 같네요. 그런데 수화 통역은 있나요? 나는 수화 통역이 없으면 참가 못해요" 하고 차분하게 답장을 보냈더니, "대학에서 하는 작은 행사라서 수화 통역은 따로 준비하지 않았습니다. 고양이 씨가 대학 측에 부탁해서 노트 테이커나 수화 통역을 파견 받을 수는 없나요?" 하는 것이다.

현재 대학 수강권 보장자의 파견은 '수강권 보장'이라는 이름 그대로 수강권자가 등록한 강의에만 요청할 수 있다. 그러다 보니 참가하겠다는 강인한 의지와 통역을 붙여줄 때까지 끈질기게 대학 당국과 교섭할 기력이 없는 한, 어떤 행사에도 "참가하겠습니다" 하고 쉽게 말할 수 없다.

입학한 지 얼마 안 되어 대학에서 일반 공개 이벤트가 열렸을 때 한숨 돌릴 겸 참가해볼까 했던 적이 있는데 수화 통역 문제로 좌절했다. 대학의 담당 부서 말은 "수화 통역은 비용이 들어서 붙여줄 수 없다"는 거였다. 영어-일어 통역은 있는데 어째서 수화 통역은 인정을 안 하는가. 일반 공개강좌인데 만약에 농인이 신청을 하면 어떻게 할 건가.

그때는 대학에서 농인을 배려해주지 않던 시기였기에 분발해 문제 제기를 했다. 그리고 "(참가하지 말고) 나중에 강연 기록을 출판할 거니까 그걸 읽으면 안 될까요?" 하는 답을 들었다. 그렇다면 청인도 강연에 참가하지 않고 자료집을 읽으면 될 게 아닌가.

그 뒤로 나는 "나중에 강연 기록을 읽으면 안 될까요"라는 발언을 한 사람이 있는 건물 앞을 아무렇지도 않게 지나다닐 수가 없었다. 1년쯤 시간이 흐른 뒤에야 겨우 '그런 일도 있었지' 하며 담담하게 받아들일 수 있었다. 그 사건은 나에게 트라우마가 됐던 거다.

그랬던 당시에 비하면 농인의 참여 여부가 불투명한 행사에 수화통역자를 배치하는 일은 큰 변화다. 사실 현재 전체 수화통역자 수로 봤을 때 그게 퍼포먼스일 가능성이 농후하더라도 말이다. 배리어 프리의 취지로 '대상자가 없을지도 모르는' 행사에 통역이 파견되는 반면, 정작 나 같은 농인이 '아, 이거 재미있겠는데' 하고 흥미를 갖는 행사에는 수화 통역이 없어 선뜻 참가하지 못하는 현실이 마음 아프다.

밀라노 결의

내 졸업 논문 테마는 결국 '농'이다. 내심 나에 관한 것이 아닌 다른 걸 썼으면 했지만 느낌을 그대로 살려 쓸 수 있는 것은 나 자신에 관한 일밖에 없었다.

논문을 쓸 때 처음 떠오른 구상을 수정하다 보면 원래의 구상이 형체도 없이 사라지기도 한다. 2만 자나 되는 긴 글을 쓰는 건 태어나서 처음이니, 시행착오를 겪는 게 당연했다. 나는 직감에 따라 척척 타자를 친 뒤에 다시 읽어가면서 고치는 편인데, 그러다 보니 수화로 말할 때처럼 조사를 빼먹거나 문자로 쓰기엔 부적절한 어휘를 쓴 부분이 많다. 또한 깜빡하고 수화 리듬으로 쓰다 보면 구두점이 굉장히 많은 문장이 되기도 한다. 일본어는 어렵다.

졸업논문의 제목이기도 한 '밀라노 결의'를 옮겨 쓸 때 일어난 일이다. 감정이 끓어올라 그만 왁 하고 울음을 터뜨리고는 더 이상 쓸 수가 없어서 한동안 누워 있었다.

1880년이라는 먼 옛날에 이탈리아 밀라노에서 '농교육 국제회의'라는 딱딱한 이름의 회의가 열렸다. 당시의 교육자들은 후세에 악명을 남긴 다음과 같은 결의를 했다.

제1항

본 회의는 농아자의 사회 복귀와 언어력을 향상시키는 데 발성이 수화보다 우위에 있다는 것은 논의의 여지가 없다고 보아 농아자의 교육과 교수법에 있어서 수화법보다 구화법을 우선해야 한다고 선언한다.

제2항

본 회의는 발성과 수화를 동시에 사용하는 것은 발성과 독화(讀話)를 방해하고, 사고를 명확히 하는 데에 장애가 되므로 순수 구화법을 선택해야 한다고 선언한다.

이 밀라노 결의 부분을 졸업논문에 인용하기 위해 열심히 옮겨 쓰다가 슬픈 감정이 치밀어 올랐다. 내가 경험했던 여러 광경이 차례차례 떠올랐다. "구화를 못 하면 청인 사회에서 살아갈 수 없다"면서 네 살 때부터 구화 훈련을 받았다. 그때에는 입의 움직임을 읽어내는 훈련을 '게임'이라고 부르며 시켰었다. 그 게임은 입의 움직임을 읽어낼 수 있을 때까지 결코 끝나는 법이 없었다. 또한 전철 안에서 상대가 말을 걸어와도 들리지가 않아 대답을 못하고 가만히 있으면, "이 애는 사람 말을 무시하네. 예쁜 데라곤 없는 애야"라는 말을 듣곤 했다. 그 말뜻을 나중에 알았을 때 느낀 황당함이라니. 초등학교에 올라간 뒤에는 음악 수업 때 노래를 불러야 했는데 너무 못 불러서 반에서 웃음거리가 되었다. 국어 읽기 시간에 책을 읽으라는 선생님의 말씀을 거역할 수 없어 읽었더니 반 아이들이 모두 웃거나 내가 읽는 걸 흉내 내거나 했다. 구화 훈련을 하는 어른들은 나에게 모두 입을 모아 잘 한다고 칭찬해주었지만 아이들은 잔혹할 정도로 정직했다. "어째서 말을 그렇게 이상하게 하니?"

그리고 여기 졸업논문.
그리고 밀라노 회의의 결의 내용.
그리고 내가 요즈음 접하는 일상.

그런 것들이 한꺼번에 뒤섞여 왁 하고 신경을 건드렸다. 밀라노 회의의 내용은 21세기에 읽어도 참으로 슬펐다. 이 나라에서는 아직도 밀라노 결의의 코드가 살아 있기 때문이리라.

농인에게서 치유를 구하지 마라

고양이가 고생스럽게 대학생활을 하는 모습을 바로 옆에서 지켜본 나는 '청인들이 농인에 대해서 너무나 모른다'는 사실을 생생하게 알게 되었다. 주류인 청인들의 착각은 상당히 뿌리 깊다. 그 사실을 나는 일을 하면서 종종 통감한다.

전에 내가 어떤 대학에서 강의를 할 때 겪은 일이다. 인류의 문화와 언어에 관해 다양한 테마로 검토해보는 수업이었다. 어느 날 농인과 수화에 관한 내용을 강의하게 되었다. 인류 일반에 대한 강의에서 청인과 음성언어에 대해서만 이야기하는 것은 공정하지 않으므로 농인의 문화와 언어에 대해서도 다룬 것이다.

"수화는 농인들 사이에서 태어난 언어입니다. 청인이 부여한 기호가 아닙니다."

"수화는 세계에 100종류 이상이 있으며 세계 공통이 아닙니다. 지역에 따라 서로 다른 수화가 전승되고 있습니다."

"수화를 하는 가운데 여러 가지 언어 예술이 태어납니다. 농인의 시와 연극은 언어적 마이너리티의 문화입니다."

"농인을 무력한 사람으로 보는 건 편견입니다. 동정하지 말고 그냥 다른 문화로서 존중해주십시오."

강의에서는 이렇게 사실을 담담하게 소개했다. 그런데 강의 종료 후 학생들의 감상문을 읽고 놀랐다. 몇몇 학생들이 농인에 대한 강의에서 일종의 '치유'를 추구했기 때문이다.

"농인은 귀가 들리지 않아 힘들 텐데.""진짜 열심히 노력해서 긍정적인 것을 만들어냈군요.""나보다 훨씬 강하네요.""멋진 이야기를 해주셔서 감사합니다.""힘이 납니다.""나도 앞으로 열심히 살아야지." ......

콰쾅. 나는 머리를 감싸 쥐었다. 사실을 있는 그대로 전달하면 '농인은 무력하고 불쌍한 사람'이라는 이미지가 자연스레 사라질 거라고 생각했다. 그러나 그건 정말 나만의 생각이었다. 청인의 편견은 뿌리가 깊었다. 이런 견해가 있는 한 '농인은 자원봉사 미담의 재료'라는 풍조가 사라지지 않을 것이다. 농인의 권리에 대한 이해와는 거리가 상당히 멀다. 으음, 어떻게 하지…….

반년 후 다시 이 테마에 도전했다. 이번에는 신경 써서 준비했다. 처음부터 농인 이야기를 꺼내지 않고 우선 음성언어 권리를 획득하기 위한 투쟁의 역사에 대해 이야기했다. 세계에는 6000종류가 넘는 음성언어가 있는데 영어나 스페인어 등이 많이 쓰이면서 소수 언어는 무시당하고 쓰일 기회조차 잃어가고 있다. 특히 식민지 지배 아래에서 유럽의 언어가 세계를 지배하는 상황이 계속되었다. 그러나 어떤 언어를 아무리 억압하더라도 그것을 사용하는 사람들이 있는 한 그 언어는 계속 살아 있을 것이다. 아프리카의 어느 나라에서는 긴 권리 투쟁 끝에 흑인들의 언어가 드디어 영어와 나란히 공용어로 승격했다. 이러한 내용을 시간을 들여 꼼꼼히 얘기했다.

그런 다음, "수화도 역사를 지닌 소수 언어입니다" 하고 말을 꺼냈다.

수화는 학교와 가정에서 언어로 인정받지 못했었다. 그러나 농인은 줄곧 수화로 소통해왔다. 미국에서는 농인 학생이 대학을 봉쇄해 수화를 못하는 청인 학장을 그만두게 하고 농인 학장을 취임시키는 운동에 성공했다. 농인들의 오랜 권리 획득 투쟁 끝에 수화가 몇몇 나라의 헌법에서 국가의 공용어로서 인정받았다, 하는 내용을 소수 음성언어와 대비시키며 이야기했다.

물론 거기다가 음성언어와 수화언어의 근본적인 차이도 잘 설명했다. "농인은 노력한다고 해서 들을 수 있는 게 아닙니다. 즉, 농인은 주류인 음성언어에 동화하는 것이 지극히 어려운 언어 집단입니다. 그러므로 수화를 옹호하는 언어 정책을 확립할 필요가 있는 것입니다"라고 강의를 끝맺었다.

학생들의 감상문은 분위기가 확 바뀌었다.

"농인이 자연스레 익힌 수화를 왜 못 쓰게 하는 걸까요"라든가 "우리는 수화를 언어로서 존중하는 자세를 가져야 합니다"라든가. 이번에는 아무도 '치유'를 구하지 않았다. 일단은 성공. 나는 마음을 놓았다.

실제로 농인과 만나보면 치유받는 일 따위는 없다는 걸 바로 알 수 있다. 나는 수화를 잘 못하던 시절에 몇 번이나 쓸쓸한 경험을 했다. 농인들이 술을 마시는 자리에서 나만 혼자 수화를 몰라서 멍청히 있었던 적도 있고, 수화만으로 진행되는 농인의 행사에서 수화를 모르는 나 혼자만을 위해 특별히 음성언어로 통역을 받아야 했던 적도 있다. "있지, 저기 저 청인, 수화 알아? 어때?"라고 나를 지칭하며 농인들이 수화로 얘기하는 것을 알았지만 그 뒤에는 무슨 얘기를 하는지 파악을 못해서 잠자코 있었던 적도 있다.

솔직히 말해서 '치유'는커녕 '상처에 소금을 뿌리는 것 같은 일'이 얼마든지 일어난다. 하나의 언어를 배우고 그 커뮤니티와 친밀한 관계를 쌓는 건 그렇게 녹록하지 않다.

왜 내가 수화 공부를 계속할 수 있었냐 하면, 일단 오기 때문이었다.

재미있어 보이는 이야기를 못 알아먹는 건 분했다. 눈과 손이 있으면 익힐 수 있는 언어인걸, 오기로라도 익혀주지. 그리고 동경하는 마음도 있었다. 수화를 좀 하게 되면 농인의 수화가 멋있다고 느끼게 된다. 그 바람에 농인들의 모임이면 어디든지 쫓아다녔다. 매주 텔레비전의 농인 캐스터가 하는 수화를 비디오로 찍은 다음 내레이션 소리를 지우고 자막을 감춘 채 무슨 말을 하는 건지도 모르면서 봤다.

내 체험을 통해 말하고 싶은 건 '농인에게서 치유를 구하는 건 착각'이라는 거다. 농인은 보통의 언어와 프라이드를 지닌 보통 사람들이다. 그러므로 표면적인 교제 이상의 관계를 진심으로 시작한다면 의견과 이해가 곳곳에서 충돌하는 건 피할 수 없다. 그걸 각오하면 서로 솔직해질 수 있을 것이다. 거듭되는 시련(부부싸움)의 터널을 빠져나온 내 생각은 그렇다.

농인이 안고 있는 불이익을 인간이 온전히 지닐 법한 것들을 갖추지 못한 결함으로 착각해 농인의 터프한 측면은 못 보는 '치유형 농인관'이 청인들 사이에 만연해 있다. 그런 견해를 계속 갖고 있는 한 그 골은 깊어질 뿐이다. 모든 청인이 수화 학습에 매달리는 건 현실적으로 어렵다 하더라도 적어도 소수 언어로서 수화를 존중하는 매너는 있었으면 한다. 그러한 사회 전체의 의식이 있을 때 농인의 언어권 확립도 가능해질 것이므로.

그러니 학생 여러분, 잘 알겠지요. 농인을 만나기 전에 '힘을 얻는' 상상을 하는 건 그만두는 것이 좋다. 그런다고 하여 그대가 치유되는 것도 아니고 농인에게도 전혀 도움이 안 되는 일이니까.

…… 이봐, 거기 너. 멋대로 치유되지 마.

강의의 한 토막_미국편

갤로뎃 대학을 아시나요? 갤로뎃 대학은 미국의 워싱턴 D.C.에 있는, 농인과 난청인을 위한 종합대학. 나는 잠깐 동안 이 대학에 다닌 적이 있다. 내가 늘 "미국에서는 말이야……"라고 말하는 건 그런 배경 덕이다. '농인에 대한 처우와 법률' 이외에는 미국이라는 나라를 그다지 사랑하지 않지만.

갤로뎃 대학의 수업 풍경을 떠올렸다. 지금은 많이 달라졌을지 모르지만. 나는 곧잘 일본의 대학은 청인들의 대학이라고 말하는데, 다른 사람들이 정말로 그 말의 진의를 알까, 하는 생각을 한다. 그 배경에는 미국에서 겪은 원체험이 있다.

갤로뎃 대학의 수업은 수화 통역이 붙는 것이 아니라 수화로 수업을 한다. 이곳은 수화를 익혀서 수화로 수업을 할 수 있어야 교원으로 채용된다. 수화가 엉터리면 학생들이 수업을 거부하므로 결국에는 자리를 잃게 된다.

실제로 학생들이 수화가 엉터리인 선생님의 수업에 반발해 교실을 박차고 나가는 현장을 봤다. 나는 자라난 환경 탓에 '조금이라도 수화를 할 줄 아는 청인'에 대한 배려심이 많은 편이다. 그 선생님은 수화가 엉터리였지만 칠판 하나 가득 판서를 해주어서 괜찮았다. 어느 날 선생님이 그만 입으로 이야기를 하면서 수화를 덧붙이지 않았다. 요컨대 입만 벙긋거렸던 거다(큰 소리로 말한 것 같기는 했지만 물론 우리에게는 들리지 않았다). 그때까지 좌불안석으로 앉아서 수업을 듣던 학생들 가운데 몇몇이 그만 참을 수 없었는지 벌떡 일어나 교실 밖으로 나갔다. 나는 '아니, 이럴 수가! 이거 정말 굉장한데!' 하고 생각하며 주변을 살폈다. 계속해서 학생들이 하나씩 둘씩 밖으로 나갔다. 그리고 그 학기에 그 수업은 폐쇄되었다. 일본의 실정과 비교해서 보자면 교수가 수화를 잘 못한다 하더라도 수업 환경은 월등히 나은 편이었다. 어려운 말이 나오는 바람에 그만 수화로 어떻게 표현할지 몰라서 입만 벙긋거린 거였다. 그런 정도를 가지고 학생들이 수업을 박차고 나간다는 건 일본에서는 생각할 수 없는 일이었다.

이 대학에서는 '농인의 권리'라는 어구가 많이 보였고 그것에 대해 학습할 기회가 마련되어 있었다. '농인의 권리란 뭔가?'를 배우는 수업이 있었다. 미국에는 장애를 지닌 사람을 차별해서는 안 된다는 법률이 있다. 농인과 난청인에게도 적용되는 그 법률을 가지고 강의가 진행됐다.

—어느 날의 상황

당신은 친구와 레스토랑에 가게 되었습니다.
그런데 조명이 어둡고 수화가 잘 보이지 않습니다.
농인으로서 어떠한 대처가 가능합니까?

선생님 "고양이라면 어떻게 할까?"
고양이 "네? 어떻게 하다니요?"
선생님 "어두워서 수화가 안 보여. 자, 어떻게 행동하지?"
고양이 "다른 가게로 갑니다."
선생님 "그 옆 가게도 그 옆 가게도 전부 조명이 어두워. 자, 어떻게
　　　　하지?"
고양이 "포기하고 집에 가요."

수업에 참가한 다른 학생들로부터 야유가 일었던 건 말할 것도 없
다. 그러면 문제가 해결이 되지 않는다는 거였다.

선생님 "고양이의 나라에서는 그러할 때 대처할 수 있도록 농인의 권
　　　　리를 명기한 법률이 있나요?"
고양이 "으음. 일본에는 아직 그런 법률이 없어요."

비난이 가라앉았다. 나는 다른 학생들이 어떻게 대답할지 흥미진진
했다.

선생님 "가게를 나가는 것 말고 다른 해결법은?"
학생 A "조명이 밝은 테이블로 바꿔달라고 합니다."
선생님 "가게 전체가 조명이 어둡다면?"
학생 B "밝은 조명을 가져와달라고 합니다."
선생님 "밝은 조명이 없다는 말을 들으면?"
학생 C "그건 말도 안 돼요. 법률 위반이죠."
학생 A "법률을 모른다고 말하면 어떻게 해야 하죠?"
학생 B "그렇게 넘어갈 순 없지요. 농인의 권리니까."

정말 굉장했다. 그들의 파워를 느낀 나는 아무 말도 할 수 없었다.

선생님 "네, 이렇게 해서 드디어 테이블에 조명이 켜졌습니다. 이번
에는 테이블에 큰 꽃병이 있어서 수화에 방해가 됩니다. 수화
가 보이지 않습니다. 어떻게 하죠?"
학생 D "치워달라고 해요."
선생님 "치울 수 없다는 말을 들으면요?"
학생 E "수화가 안 보이잖아요."

이렇게 몇 시간이고 토론을 계속했다. 아무도 "다른 가게로 간다"느니 "집에 간다"는 따위 말은 하지 않는 데에 충격을 받았다. 굉장해! 그렇게까지 할 수 있나?

선생님 "어째서 농인이 강하게 말할 수 있는지 알겠어요?"
고양이 "법률이 있기 때문이죠. 그걸 '농인의 권리'라고 하는군요."
선생님 "그래요. 하지만 법률만으로는 해결되지 않아요. 뭐가 필요한지 외칠 수 있는 힘이 중요하지."

의외라고 생각할지 모르지만 '스피치 리딩(구화)' 수업도 있었다. 구화 수업은 필수가 아니라 임의 선택이었다. 나는 일본의 구화 교육과 어떻게 다른지 비교하고 싶어서 강의를 들어보았다. 어떻게 가르치나 싶었는데 기술적인 습득에만 집착하는 것이 아니라 '난처한 상황을 어떤 식으로 해결하는가' 하는 토론 시간이 반 이상이었다. 또한 선생님은 설명하는 동안 계속 수화를 섞어 말했다. 구화 연습 때에만 수화를 하지 않았다. 구화 연습도 학생들에게 발성으로 말하게 하는 것은 아니었다. 청인 사회에서 권리를 침해당할 것 같은 구체적인 케이스를 테마로 다뤘다. 수화를 모르는 청인이 말할 법한 대사를 읽어내는 연습을 조금 하고 나서 그러한 상황에 대한 대처법을 다 같이 생각한다. 학생은 모든 대답을 수화로 했다.

거듭 말하는데 이 수업은 자유 참가로 진행됐으며 강제는 전혀 없었다. 그래도 구화를 읽어내는 연습을 할 때 해프닝이 일어났다.

선생님 "지금, 내가 뭐라고 말을 했지요?"
학생 "모르겠어요."
선생님 "한 번 더 말할 테니까 잘 보세요. 다 파악하려고 하지 말고 하나라도 단어를 알겠으면 말해봐요."
학생 "그런 거 몰라요. 알 리가 없죠. 난 귀가 안 들리니까!"

그 학생은 울음을 터뜨렸다.

선생님 "아, 그럼 잠시 쉬지요."

이때는 정말 웃음이 나왔다. 그야 그렇지. "알 리가 없잖아"라고 말하고 싶은 건 모든 농인의 본심이다. 선생님도 억지로 강요하지 않았다. 혼란에 빠진 학생에게는 잠시 쉬라고 하고 다른 학생에게 질문을 반복했다.

덕분에 미국에서는 제법 편하게 지낼 수 있었다. 사회에 농인에 대한 이해의 토양이 깔려 있었던 점도 다행이었고 불합리한 것에는 화를 내도 좋다고 가르쳐주는 것도 좋았다. 이렇게 편하게 살 수 있다는 걸 알고 나니 일본에 돌아온 후로 더 힘들어졌다.

"미국에 갔다 오더니 불평이 늘었어" 하는 말을 들었다. 재밌는 건 그러한 부정적인 평가는 주로 청인에게 듣는다는 거다. 나는 그렇지 않다고 말하고 싶다. 지금까지는 화냈어야 할 일을 참았던 것뿐이라고.

제4장

고양이와 거북이,
다른 문화를 만나다

수화는 세계 각지의 농인 집단 속에서 자연스레 성립되어 세대에서 세대로 전해져온 언어입니다.

귀가 들리지 않는 아이들은 지역의 농인 집단과 어울리며 수화회화를 눈으로 보면서 자연스레 익힙니다. 귀가 들리는 아이들이 음성회화를 귀로 듣고 자연스레 익혀가는 것과 마찬가지입니다. 차이가 있다면 농아의 대부분은 청인 부모에게서 태어나 자라기 때문에 가정에서는 수화를 접하기 어려운 경우가 많다는 것입니다. 농아 대부분은 지역의 농인 집단과 농학교 등 가정 이외의 장소에서 농인들과 만나 그 집단 안에서 수화를 익힙니다.

이리하여 세계 각지에 지역마다 다른 수많은 수화언어가 생겨나 농인들 사이에서 전해져왔습니다. 그 수효는 정확히는 알 수 없지만 언어학 백과사전에 의하면 세계에는 적어도 112종류의 수화언어가 있다고 합니다. 이처럼 각지의 농인 집단에는 제각각 특색 있는 농인의 문화가 숨 쉽니다. 일본의 농인은 일본수화라는 언어로 얘기합니다. 일본 수화에는 방언도 있습니다. 그 밖에 지화라는 체계가 있어 한 손으로 일본어의 50음을 나타낼 수 있습니다. 손가락을 사용하는 지화는 음성 일본어의 단어를 수화로 표현할 때에 쓰는데, 농인끼리 얘기할 때에는 지화만으로 하는 일은 없습니다. 또한 일본어의 어순에 따라 수화의 단어를 늘어놓는 '일본어 대응수화'는 농인들이 이해를 못하는 경우가 많으며 일본 수화와는 구별하여 별개의 것으로 취급됩니다.

추한 모순

세상에는 이런저런 장애를 지닌 사람들이 있는데 그중 청각장애는 가볍게 여겨지기 십상이다. 나는 나 자신이 장애인이라는 자각이 거의 없던 무렵에 다른 장애를 지닌 사람은 어떤 요구를 할까 관심을 가졌었다. 그리고 알게 된 것은 청각장애가 가볍게 여겨진다는 것과 사람들이 청각장애만은 다른 장애와 어딘가 다르지 않나, 하고 바라본다는 점이었다. '청각장애는 그나마 나은 편이야 하고 말이다. 하지만 내 경험만 보더라도 고등학교 때부터 입학 거부를 당해왔는데, 뭐가 낫다는 얘긴지.

어린 시절 오사카의 교외에서 시내에 있는 훈련소까지 청능훈련을 받으러 다닐 때였다. 오사카에 있는 역에서 휠체어를 탄 사람들이 모여 모금활동을 하는 것을 자주 봤다. 어머니는 기분 좋을 때면 꼭 내 손에 실례가 안 될 만한 액수로 돈을 쥐어주고 "넣고 오렴" 하며 등을 떠밀었다. 그러나 기분이 나쁠 때는 "모금 같은 걸 하다니 부끄럽지도 않나? 농아인 년 아무런 후원도 받지 못하는데" 하면서 분노를 삭이지 못한 채 내 손을 잡고 빠른 걸음으로 그곳을 벗어난 적도 있었다. 농아를 낳은 부모에게 합당한 아무런 정신적 지원이 없는 시대를 어머니는 어떤 마음으로 살아냈을까.

　내가 다른 장애를 지닌 사람들과 만나게 된 뒤로 들은 말은 수없이 많지만 그중에서 인상 깊었던 건 이런 거였다.

　"나 말이지, 청각장애인 싫어해요. 휠체어를 보면서 손은 움직이는 구나, 하는 식으로 생각하는 사람이 있으니까."

　그 장애인은 과거에 한 청각장애인이 "어째서 종이에 써주지 않는 거예요. 난 귀가 들리지 않는데" 하는 말을 듣고 '난 발만이 아니라 손 도 못 움직이는데!' 하고 화가 났다고 한다. 그야 물론 화날 만도 했다. 나는 조용히 "그러셨어요?" 했다.

　그러나 그것으로 끝나지 않았다. 그 사람은 지화의 어원에 트집을 잡기 시작했다. 지화의 [ケ(게)]는 ケッソン(欠損, 결손)의 'ケ'다, 이건 지체장애인에 대한 노골적인 차별이다, 하는 것이었다. 어원을 통해 수 화를 배우지 않았던 나는 깜짝 놀라서 어원을 조사했다. 나는 일본어 문 자를 [ア(아)]는 'ア', [イ(이)]는 'イ' 하는 식으로 그 형태대로 익혔기 때문에 어원에 대해서는 몰랐다. 당시에 내가 조사한 바로는 'ケ'의 어원은 '결손'이 아니었다. 그러나 그 사람은 '결손'이라고 주장하며 끝 내 물러서지 않았다. 나는 어원이 여러 가지 있다는 것을 설명하기도 하 고 농인 전체에 대한 이미지를 나쁘게 갖지 말아달라고 열심히 설득하

다가 차차 귀찮아졌다.

이 예에서 보듯이 장애인(개인, 단체를 불문하고)끼리 대립하는 경우가 제법 있다. 이런 저런 대립들을 겪으면서 진절머리가 나기 전까지는 농인들도 다른 장애에 관심을 가졌으면 해서 농인 지인에게 함께 관심을 갖자고 말하곤 했었다. 그러면 대개는 "어째서 다른 장애에 관여를 하는 거야? 농인은 농인에 관한 것만 하면 돼" 했다. 이제는 그 말의 의미를 알겠다. 농이 다른 장애와 다른 점은 언어의 차이에서 비롯되는 것 같다. 장애가 달라도 귀가 들린다면 서로 음성언어로 대화할 수 있다. 언어를 공유할 수 있으므로 서로 다른 장애의 차이를 극복하고 장애라는 테마 아래 연대하는 것도 어느 정도 가능하다.

하지만 수화와 음성언어는 전혀 다르다. 그러므로 '장애인'이라고 한마디로 묶어 말하면 저항감이 느껴진다. 무엇이든지 '장애인'이라는 한마디로 묶지 않았으면 좋겠다.

그런데 "농은 장애가 아니야!"라고 제법 소리 높이 외치는 미국에서 이런 일이 있었다.

"저는 농인이에요.
가족도 다 농인이에요.
그러니까 돈이 없어서 생활이 괴롭습니다.
부디 적선을 좀 해주세요.
당신에게 신의 축복이 내리기를."

이렇게 적힌 종이를 공항 탑승 게이트 근처에 있는 대합실에서 나눠주는 농인이 있었다. 종이를 받고 격렬한 분노를 느꼈다. 나는 미국 수화로 "나도 농인이야, 이런 건 받을 수 없어" 하고 종이를 돌려줬다. 미국은 일본에 비해 농인들의 사회 참가 기회가 무한하다 할 정도로 많지 않은가. 대학에 가는 돈도 정부가 지원한다. 농인들도 노력만 하면 상당한 보상을 받을 수 있는 나라가 미국이다. 이런 종이를 나눠주고 돈을 받겠다니 부끄럽지도 않은가.

그러나 실제로 "돈을 달라"는 농인이 있는 거다. 이 사실을 어떻게 받아들여야 할까.

여행사의 한 줄 문서

일본에서는 대학생들이 졸업여행을 가는 문화가 있다. 졸업여행 얘기가 여기저기서 들려오는 요즘, 새삼 기억나는 일이 있다. 나는 해외여행을 좋아한다. 대부분 혼자서 간다. 항공권만 사서 떠나 현지 공항에서 사람을 만나 여행을 시작하는 패턴이 많다. 일본에서는 여행사의 투어 기획이 많아서 실제 경비를 생각하면 투어 쪽이 개인 여행보다 싸긴 하지만.

농인끼리 투어 신청을 하면 거절하는 여행사가 있다는 걸 아는지. "여행하다가 무슨 일이 일어나도 여행사에 책임을 묻지 않겠습니다"라는 각서를 쓰게 하는 여행사 얘기가 예전에 신문에 실려 화제가 됐었다. 지금도 "장애인만 참가하는 여행은 만에 하나 문제가 일어났을 때 대응하기 힘들어서요"라며 거절하는 경우를 종종 접한다.

방법은 두 가지. 첫째는 농인이라는 걸 숨기고 투어 신청을 한다. 둘째는 개인 여행으로 바꾸는 거다. 최근에는 농인을 위한 투어가 따로 기획되는 일도 있다. 수화를 할 줄 아는 가이드가 동행하는 것이다.

단과대학 시절 졸업여행은 전체 졸업생 가운데 농인이 나 하나였기 때문에 청인 학생들과 함께 갔다. 여행사에 대한 연락이나 전화 등은 전부 다 친구가 해줬다. 농인이라는 걸 일부러 말할 것도 없이 준비가 진행되었다. 이 졸업여행에서 처음으로 해외여행 투어에 참가했는데 막상 여행하는 과정에서는 매우 거북한 일이 있었다. 투어 일정 중에 다른 여행자와 함께 식사를 하면서 자기소개를 하거나 단체로 가이드의 설명을 들을 때는 친구와 내가 서로 부담이 되었다. 나는 늘 내가 뭘 모르는 상태로 지내는 게 당연하다는 감각으로 살아왔기 때문에 가이드가 뭘 설명하는지 몰라도 친구에게 일일이 묻거나 하지 않았다. 친구들이 신경을 쓰는 것 같으면 나는 "가이드북 보면 되니까 괜찮아. 읽어보면 다 알 수 있어" 하고 거꾸로 신경을 써줬다. 일본인들만으로 꽉 찬 레스토랑에서도 대화에 참여할 수 없었으니 사실 그런 여행이 재미있을 리 없었다.

그 일을 겪고 나서 내 여행 스타일은 변했다. 이제 투어에는 참가하지 않게 됐다(한국·서울행은 별도). 항공권만 사고 그 다음은 내 마음 내키는 대로 여행을 한다. 그렇게 하니까 매우 편하고 즐거웠다. 항공권만 사기 때문에 농인 혼자라고 뭐라 하는 사람도 없다.

혼자 하는 여행에는 여러 가지 재미가 있다. 비행기에 탈 때도 그런데, 전에 미국 항공사의 비행기에서는 색다른 대우를 받은 적이 있었다. 그것이 내가 농인이었기 때문인지 아닌지는 모르겠지만 체크인할 때 "농인이에요." "혼자입니다." "얘기할 때에 힘드니까 자리는 통로 쪽으로 해주세요" 등등 바라는 바를 전한 뒤에 탑승을 했더니 어찌된 건지 이코노미에서 비즈니스 클래스로 좌석이 격상되어 있었다. 체크인할 때 오버부킹이라는 말도 듣지 못했기 때문에 "자리가 잘못됐어요" 했더니, "여기 앉으셔도 됩니다. 여기가 당신 자리예요" 한다. 그때는 그야말로 이코노미 티켓으로 왕복 비즈니스 클래스의 쾌적한 여행을 할 수가 있었다. 농인이고 혼자 여행했기 때문인가 싶었지만, 아무튼 뒷사정은 잘 모르겠다. 이코노미에서 비즈니스 클래스로 격상된 적은 여러 번 있다.

비즈니스 클래스는 정말 좋다. 식사도 진짜 식기에 주고 식후에 고디바 초콜릿을 맘껏 먹을 수 있다(얌전 떠느라 두 개만 받았지만 고디바라면 열 개는 먹고 싶다!). 처음 비즈니스 클래스에 앉았을 때에는 좌석에 딸려 있는 텔레비전을 꺼내는 방식을 몰라서 우물쭈물했더니 옆자리에 앉은 유복해 보이는 일본인 아저씨가 웃으며 텔레비전 조작법을 가르쳐줬다.

어떤 여행사는 아직도 '농인 혼자나 농인끼리 하는 투어 참가'를 거부한다고 한다. "혼자라도 여행 경험이 이렇게 많아요" 하고 여권의 스탬프를 보이는 방법도 있지만 그렇게 하면 해외여행이 처음인 농인은 어떻게 될까? "농인끼리 가는 해외여행은 안 됩니다" 하는 말을 듣고 부모와 함께 참가하는 사람, "안 돼요"라는 말을 듣고 다른 여행사를 찾는 사람, 농인이라는 걸 숨기고 청인에게 전화를 해달라고 해서 신청해 당일 참가하는 사람. 어떤 경우든 졸업여행 시즌을 앞두고 전국의 농인 학생이 좋은 추억을 만들 수 있었으면 좋겠다.

프랑스 여행(1)_파리의 농인들

프랑스어와 프랑스 수화, 양쪽 다 못 하는데도 프랑스로 여행을 갔다. "프랑스어는 전혀 몰라~". '영어 하나 익히는 데도 갖은 고생을 다 한 고양이가 어쩌자고 프랑스로?'라고 궁금해할지 모르겠다. 실은 거북이가 한동안 아프리카로 조사 여행을 떠났는데 그가 아프리카에서 돌아오는 길에 파리의 샤를르 드골 공항에서 만나기로 한 거였다.

나는 귀가 들리지 않으므로 혼자 여행할 때 통로 측 자리로 배정을 받지 않으면 스튜어디스와 대화하기가 불편하다. 음료 하나를 마시고 싶어도 메뉴가 놓여 있지 않은 이코노미 클래스의 경우, 손수레에 있는 음료를 손가락으로 가리키며 달라고 해야 한다. 통로 측이 아니면 가리키기가 힘들다.

공항에 갔더니 글쎄 통로 좌석이 다 찼다는 것이다. 그러나 나는 당황하지 않았다. 자리가 꽉 찼다고 할 때도 빈 통로 자리가 하나도 없는 게 아니란 걸 경험으로 알고 있었기 때문이다. 보통은 빈자리를 몇 개쯤은 확보하고 있는 것 같았다. 그렇기 때문에 카운터에서 좌석이 없다고 할 때에도 탑승 게이트로 전화를 걸어달라고 해 좌석을 얻어내곤 했다.

적어도 나는 지금까지 그렇게 해왔다. 통로 좌석도 마찬가지일 것이다.

고양이 "게이트에 전화해서 통로 좌석이 있는지 확인해주세요."
직원 "전화할 수 없습니다."

뭐라구?

직원 "손님이 직접 의뢰를 하셔야 합니다."

나는 들리지 않아서 전화를 부탁하는 건데. 직원은 티켓 구입 때 통로 좌석을 지정하지 않은 점을 지적했다. 그야 그렇지만, 통로에도 빈자리가 있을 터인데 그걸 알아봐주는 유연성은 없는 걸까.
탑승 개시까지 15분 남았다. 그 시점에서 나는 아직 보안 체크도 통과하지 않은 상태라 카운터에서 옥신각신하는 걸 그만두기로 했다.

고양이 "알았어요. 시간도 없고 하니 어서 빨리 발권해주세요!"

여행을 떠나는 입장에서 기분 나쁜 일이었다. 서둘러 게이트로 가서 메모를 보여주고 통로 좌석으로 좌석 변경을 신청했더니 3분쯤 지나 좌석 변경 OK가 나왔다.

기내에 들어간 뒤로는 무사히 지냈다. 승객은 일본인이 95퍼센트 이상인 것 같았다. 이렇게 많은 사람들이 하늘 길을 날아다니는구나. '이 사람들은 파리에 무슨 볼일이 있으며 어디로 가는 걸까' 하는 멍청한 생각을 했다. 그러는 나도 파리에 가는 한 사람이었는데 말이다. 거북이가 없는 동안 요리를 해 먹지 않던 나는 오래간만에 기내식으로 나온 따뜻한 식사를 우적우적 먹었다. 기내식이 맛없다는 사람은 평소 식생활이 풍요롭다는 얘기다.

파리의 공항에 도착한 뒤로는 거북이가 도착할 게이트로 가서 가방 위에 앉아 기다렸다. 거북이는 비행기가 연착해 예정 시간보다 조금 늦게 나왔다. 함께 머물 파리 교외의 도시로 향했다. 나는 민박집에 도착할 무렵 시차 때문에 정신이 몽롱했다. 민박집에서 환영 만찬을 준비해 줘서 고맙게 먹었지만 일본 시각으로 오전 네 시에 먹은 셈인 레어 스테이크와 와인이 위에 부담이 되었다. 그때까지 제대로 된 식생활을 하지 않던 것도 위를 힘들게 했는지 모르겠다. 완벽한 식사를 마치고 심신 모두 지쳐 떨어져 그대로 쓰러져 잠들었다.

프랑스에서는 매일 치즈를 먹고 와인을 마실 수 있었던 게 가장 즐거웠다. 교토에 있는 수입 식품점 '메이지야'에서는 치즈 가격이 비싸 뒤로 자빠졌던 우리가, 프랑스에서는 매일 적당한 가격으로 치즈를 먹을 수 있었다. 물가 수준이 높은 프랑스에서 싸다고 할 수 있는 건 식료

품과 와인뿐이라고 단언해도 좋다.

"루이비통 가방이 일본 보다 싸"라는 건 일본인의 가치관에 의한 견해일 것이다. '일반적인 프랑스인'은 루이비통 같은 건 들고 다니지 않는다. 전철에서 '어머, 루이비통이네?' 하고 보면 90퍼센트가 일본인으로 보이는 멋쟁이 여성이다. 샤넬도 적어도 마담이라고 불릴 나이가 될 때까지는 들지 않는 편이 좋다. 내가 프랑스에서 가장 만나고 싶지 않은 건 최신 브랜드 쇼핑백을 양손 가득 든, 아무리 봐도 '부잣집 아가씨'로는 보이지 않는 젊은 일본인 여성들이다. 그야 루이비통이 좋다면 푹 빠져도 좋을 것이다. 나도 루이비통은 좋아한다. 하지만 그런 브랜드 상품을 카드를 여러 장 사용해 사는 건 꼴불견이다.

어머나, 낯 뜨거운 탈선을 했네. 본래 얘기로 돌아오자. 슈퍼에서 거위 간을 발견하고 신나서 샀다. '기름진 간'을 뜻하는 '푸아그라'의 '푸아'는 간(肝), '그라'는 지방(脂肪)이라고 한다. 거위 간 테린느는 '테린느 드 푸아'라고 씌어 있었다. 거위라고 쓰여 있진 않았지만 거위 그림이 그려져 있었으니 거위인 게 분명했다. 하지만 뱃속이 조금 걱정됐다.

실은 우리는 허니문 때에도 이 집에 신세를 졌는데, 마지막 만찬 때 푸아그라를 대접받고 다음 날 나만 배탈이 나서 공항에 나와 비행기편을 기다리는 동안 화장실을 들락거려야 했다. 나는 아무래도 섬세한 프랑스 요리와는 궁합이 맞지 않는 모양이었다. 그에 비해 거북이는 "프랑스 식문화는 심오하다"며 감탄 또 감탄했다.

역시 생각한 대로 내 뱃속은 둘쨋날부터 상태가 안 좋아졌고 셋쨋날에는 소화불량이 됐다. 밖에 나와 한쪽 손이 파묻힐 만큼 큰 과자, 머랭을 먹거나 길가의 예술품을 구경하며 느긋하게 즐겨볼 예정이었는데, 뱃속 상태가 나빠져서 아무래도 즐길 수가 없었다. 내일은 프랑스에 있는 농인을 만날 예정인데 어떻게 한담.

드디어 그 '내일'이 다가왔다. 파리 농학교 앞에서 거북이의 친구인 농인을 만나는 거다. 나는 소화가 안 되는 위장을 끌어안고 끙끙댔다. 몸 상태가 한계에 다다라 걸음을 옮겨놓을 때마다 위장이 통째로 흔들리는 것 같았다. 파리 시내까지 나오긴 했으나 "안 되겠어. 집에 갈래. 집에 가서 누워 있을래" 할 정도로 마음이 약해졌다. 하지만 여기까지 와서 농인과 만나지 않는다니, 평생에 몇 번 될까 말까 한 기회인데 놓쳐서는 안 돼. 꾹 참고 만나보기로 했다.

파리 농학교는 지하철 '뤽상부르' 역에 있다. 역 바로 앞에 있는 학교라 금방 알 수 있었다. 농학교 앞거리는 세계 최초로 파리에 농학교를 설립한 신부의 이름을 따서 '드 레페 거리'라고 한다. 시간을 정확히 지켜서 도착했는데 다들 나와 있었다. 수화 집단이다. 딱 보고 금방 알아챘다. 거북이는 오래간만에 만나는 친구와 수다를 떨며 인사차 가볍게 끌어안았다. 나는 몹시 긴장해서 미국 수화를 연발했다. 프랑스 수화는 할 줄 아는 게 '봉주르'밖에 없다. 우리 무리를 본 다른 농인이 우글우글 모여들었다. 레스토랑으로 자리를 옮겨야 하는데 거리에 무리 지어

서서 수화로 인사를 나누느라 바쁘다.

"봉주르." "봉주르." "봉주르."

내가 프랑스어도 프랑스어 수화도 할 줄 모른다는 걸 알아차린 농인들은 서툰 영어 구화와 미국 수화 비슷하게 표현한 프랑스 수화로 말을 걸어왔다. 그러는 사이에 신부님이 다가왔다. 그는 프랑스 수화와 미국 수화를 모두 할 수 있었는데 미국에서 파견되어 왔다고 했다. 이 신부님, 수화가 유창해서 '농인'인 줄 알았는데 청인이었다. 농인이 많이도 모였다 싶었는데 저녁에 야외 미사가 있다는 거였다. 거기 있던 농인들이 이 신부님을 '농인을 돕는 청인'이라고 소개했다. 프랑스는 구화가 강한 나라라서 청인은 농인에게 구화 능력을 기대하고, 동시에 '농인을 돕는' 것을 당연히 여기는구나. 농인은 종교적으로 '도와주지 않으면 안 되는' 존재인가.

몸 상태가 안 좋다는 이유로 프랑스 요리는 거절. 나는 정말로 섬세한 요리랑은 궁합이 맞지 않는구나. 내 몸에 맞는 것을 먹자는 쪽으로 얘기가 모여, 우리 무리는 아프리카 요리를 먹으러 갔다.

'샤토 루즈(빨간 성)' 역에서 내리면 거기는 아프리카 아랍 타운. 왜 아프리카와 아랍이 함께인지는 모르지만 이 역에 내리니 냄새부터 색 달랐다. 거리에 아프리카인, 아랍인이 단숨에 늘어난 듯했다. 카메라로 뭘 찍어서는 안 되는 분위기였다. 싸움이 일어날 것만 같은 분위기였고, 나 같은 일본인이 멍청히 있다가는 위험에 빠질 것 같은 곳이었다. 안내

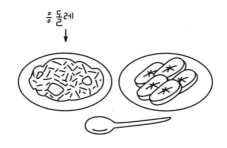

아프리카 카메룬의 대표적인 요리 '응돌레'.
응돌레라는 식물의 잎을 다져 소고기 등과 함께 푹 끓여서
초록색의 걸쭉한 소스를 만든다.
약간 쓴맛이 난다. 기름에 튀긴 바나나 등과 함께 먹는다.

인 없이 가는 것은 권하고 싶지 않다.

카메룬 요리점에서 '응돌레'라는 아프리카 식물의 잎을 끓인 음식을 먹었더니 신기하게도 다음 날 위장 상태가 좋아졌다. 거북이 말로는 '침팬지가 약으로 먹는 잎사귀'란다. 그때는 끙끙대며 먹느라 말도 별로 못했지만 프랑스에서도 열심히 애쓰는 농인이 있다는 사실에 용기를 얻었다. 일본의 농인과 마찬가지로 휴대폰을 갖고 문자 메일을 주거니 받거니 하고 있었다.

농인을 위한 학교에서 수화를 가르친다는 농인 선생님은 영어 구화를 잘 하는 모양으로, 프랑스 수화를 하면서 입 모양은 영어로 대화하는 별난 체험을 했다. 프랑스에 유학한다면 그 학교에 들어가서 수화를 배

워야지, 생각했다. 농인 선생님에게서 배우면 수화만 아니라 프랑스어도 더 많이 익힐 수 있겠지 싶었다. 우선 수화를 익히고 나서 프랑스어를 배우고 싶다. 음성언어로 하는 프랑스어부터 먼저 익히는 건 매우 어렵다.

대학에서 공부한다는 농인도 있었다. "수화 통역은 있어?" 하고 물어봤다. 아무렇지도 않게 "있어" 하는 바람에 그 이상 수강권 보장이니 뭐니 하는 화제는 꺼내지 못했다.

고양이 "수업은 어떻게 해? 정말로 수화 통역이 붙어?"
친구 "응. 수화 통역 있어."

이것으로 끝. 그래애? 수화 통역이 있어? 몇 번이나? 누가 돈을 내? 통역은 누가 데려와? 농인은 너 말고도 있어? 머릿속에서 질문이 순식간에 부풀어 올라 패닉 상태가 되었다. 프랑스는 구화가 강한 나라가 아니었나. 그날 모여든 농인들도 레스토랑의 스태프와 얘기할 때 필담은 전혀 하지 않았다. 구화로 열심히 전하는 게 청인에 대한 예의라고 생각하는 것 같았고 가게의 스태프도 천천히 크게 입을 벌려 얘기하는 것이 최고의 배려인 듯이 행동했다. 그러한 사회에서 대학에 수화 통역이 있다는 건 상상하기 어려웠다. 당황한 고양이는 우문을 하고 말았다.

고양이 "수화 통역이 있다니, 어떤 건데?"

친구 "응? 수업 전에 통역자가 교실에 들어가. 수업 중에는 통역을 해. 끝나면 집에 가."

그런 건 고양이도 안다. 고양이가 묻고 싶었던 건 이 정도로 구화에 중점을 두고 있는 사회에서 어떻게 대학 강의에 수화 통역을 배치하나 하는 것이었는데 슬프게도 거기까지 물어볼 언어 능력이 없었다. 늦게까지 이러쿵저러쿵 열기에 들떠 얘기했다. 프랑스라는 나라에서 구화가 아무리 강하더라도 농인에게서 수화를 배제할 수는 없다! 하는 생각을 확인한 밤이었다.

프랑스 여행(2)_'거지 행각'을 하는 농인들

나는 위장 상태를 고치고자 프랑스 요리를 멀리하기로 했다. 모처럼 프랑스에 왔는데 이 무슨 일인가. 그러나 위장 상태가 나빠지는 것보다 안 좋은 일은 없을 것이다.

아프리카 아랍 타운의 낮 얼굴을 보자! 하는 생각에 다시 한 번 샤토 루즈 주변을 찾아 어슬렁거리다 보니 터키 요리점이 있었다. 일본에서는 비싼 레스토랑에서밖에 먹을 수 없는 터키 요리를 겨우 600엔 정도만 내면 패스트푸드 풍으로 먹을 수 있다. 터키 요리를 먹은 나는 위장 상태가 좋아졌다. 아, 행복해라. 그러나 이번에는 거북이가 안 좋아졌다. 거북이는 터키 요리를 먹고 배탈이 나서 몇 시간 후에 토하는 지경에 이르렀다. 아무래도 우리 위장은 정반대로 되어 있는 모양이다.

그날 마지막 만찬에 초대받았는데 거북이는 다운되어버려 수화 통역을 할 수 없었다. 나는 청인이 쏼라 쏼라 떠드는 속에서 무슨 말을 하는지도 모르면서 얌전히 밥을 먹는……건 좋아하지 않는다. 긴장한 상태에서 대화에도 끼지 못하는 그런 상황이 즐겁지 않다.

하지만 지금까지 그런 상황에 자주 놓여왔던 것 또한 사실이다. 초등학교, 중학교, 고등학교를 모두 '청인의 학교'에서 자라서 이러한 고통스러운 시간들에 익숙하다. 무슨 말을 하는지 잘 몰라도 대충 포기하는 법을 익혔다. 풍경으로 여겨버리면 되는 거다. 스위치 오프. 나는 불필요한 소리를 내지 않도록 신경을 쓰면서 먹는 데에 전념했다. 우리말고도 다른 손님이 있는 것이 다행이었다. 덕분에 내가 아무 말 하지 않아도 어색하지 않았다. 거북이는 힘든 가운데 때때로 대충 종합해 "지금 무슨 말을 하고 있어" 하고 가르쳐줬다. 나는 요령부득인 채 적당히 고개를 끄덕였다. 그럭저럭 식사를 마치자 거북이는 완전 그로기 상태가 됐다. 내일 일본에 돌아가는데 괜찮으려나.

다음 날 공항에 도착해 시간 여유가 있기에 패스트푸드점에 들어갔다. 잠깐 화장실에…… 밖으로 나가는데 내 또래쯤 되어 보이는 여성이 나와 같은 방향으로 따라왔다. 처음에는 그녀도 화장실에 가는 거라고 생각해서 돌아보지 않았다. 거울 앞에 섰다가 그녀가 내 뒤에 서 있는 것을 알아차리고 이거 뭔가 안 좋은데? 하는 생각에 서둘러 그 장소에서 벗어나려 했다. 그녀가 잽싸게 내가 가는 앞쪽을 막아서고는 "당신, 농인이지요?" 하고 수화로 물어왔다.

고양이 "응, 농인이야. 당신은?"
여성 "나도 같아요. 농인."

마음이 놓여 긴장이 풀렸다. 아무래도 동료라고 생각하면 마음이 놓인다. 농인 중에도 나쁜 사람이 있는데.

여성 "당신 그와 수화로 얘기했었죠. 위에서 보고 알았어요. 그도 농인?"
고양이 "아니. 그는 '앙탕당(청인).'"

'앙탕당' 부분만 프랑스어 구화를 병용했다. 우리가 주고받은 대화는 일본 수화가 아니다. 나는 '앙탕당'은 프랑스 수화를 써서 표현했지만 그 밖에는 프랑스 수화 비슷한 분위기가 섞인, 그래도 역시 미국 수화로 했다. 상대는 프랑스 수화. 그래도 둘이 통한다는 게 신기했다.

여성 "어디서 왔어요?"
고양이 "'재팬'에서 왔어."
여성 "흐음. '자퐁'에서 뭘 해요?"
고양이 "공부와 일. 당신은? 오늘 어디 여행 가나요?"
여성 "난 프랑스에서 일해요. 우리나라는 [······]"
고양이 "응, 어디?"
여성 "몰라요? 이렇게 지구가 있고 인도가 여기에 있고 그 위의 이 부근."

이봐, 이봐, 갑자기 지구니 인도니, 뭔 말이야? 나는 멍청해졌다.

고양이 "……러시아?" ←(미국 수화로)

여성 "그 수화 몰라. 뭐라고?"

고양이 "으응. [R / U / S / S / I / A]?"

여성 "몰라."

고양이 "[R / U / S / S / I / A], 아니에요? 지화로 나라 이름을
　　　　가르쳐줘."

여성 "……지화 몰라."

어라라, 프랑스의 지화는 미국과 같은데. 지화를 못한다는 건 프랑스 수화는 할 수 있어도 음성언어를 읽고 쓰는 것을 못 한다는 얘기네.

고양이 "응, 그렇구나. 인도 위구나. 인도 위라……."

생각했지만 역시 알 수가 없었다. 그 여성은 나와 비슷한 나이였다. 피부가 하얀 미인이라서 러시아나 그 부근일 거라고 추측했다.

"그럼 안녕~" 하고 거북이가 있는 곳으로 돌아와서 "화장실에서 농인을 만났어"라고 보고. 그녀는 2층 자리에 앉아서 우리에게 손을 흔들었다. 그 카페는 천장이 트여 있는 형태라서 1층에서 2층의 모습이 잘

보였다. 거북이가 그녀와 수화로 인사를 교환한 뒤에 우리는 게이트로 향했다.

게이트에서 거북이가 얘기를 시작했다. 프랑스에서는 농인들이 공항, 지하철, 거리의 레스토랑 등에서 '장사'를 하는 일이 있다고 한다.

"우리는 농인입니다. 농인들이 생활하기에 매우 힘든 시절입니다. ○○를 사주세요." 그런 걸 종이에 써서 돌리고 나중에 회수하면서 물품을 판다는 거다. 조금 전에 말을 걸어온 그녀도 그런 사람이 아닌가 싶다는 거였다. 그러고 보니 "프랑스에서 일해" 하면서 평일에 공항에 혼자 있었고 식사를 하는 것도 아니면서 식당에 앉아 있었다. 그런 거였나.

구걸이나 다름없는 '장사'를 미국에서 경험한 적이 있다. 그때는 '미국은 농인에게 열린 나라인데!' 하고 분노가 끓어 올랐었다. 미국에서는 노력하면 기회가 있다. 대학 강의에는 수화 통역도 있다. 법률에 그렇게 하라고 되어 있다. 열심히 하려고만 하면 뭐든 할 수 있다. 농인의 제1언어는 수화다. 구화를 농인에게 요구하는 건 실례라는 인식이 상식으로 되어 있다(구화파도 존재하지만 먼저 농인의 언어로서 수화를 인정한 다음에 주어지는 선택의 자유일 뿐이다). 적어도 교양 있는 사람은 구화를 강요하지 않는다. 그렇게 환경이 좋은 미국에서 왜 '거지 행각'을 하는가?! 창피하지 않나.

하지만 프랑스에서는 아니었다. 사회 전체가 아무렇지도 않게 농인에게 구화를 기대한다.

'일본도 그래.'

사회 전체가 그렇게 되어 있으므로 농인도 그 기대에 부응해야 한다.

'일본도 그래.'

프랑스에서 농인이 거지 행각 비슷한 장사를 하지 않아도 생활을 할 수 있도록 적절한 교육이 이루어지기를 빌면서 비행기에 올라탔다.

미국 여행기 (1) _ 농인의 대학

2003년 여름, 나는 고양이와 함께 2개월 간 미국에 머물렀다.

원래 나는 아프리카를 연구하는 연구자다. 특히 아프리카에서 세계 최대 규모의 농교육 사업을 전개한 농인들의 역사에 대해 조사하고 있다. 그러므로 내가 해외로 나가는 건 늘 아프리카에 가는 거였다. 하지만 이번엔 아프리카 연구를 하는 데 필요한 어떤 자료가 미국에만 있다는 걸 알게 되었고, 그걸 조사하고자 미국의 갤로뎃 대학을 방문하기로 한 것이다. 그러자 고양이도 "가고 싶어" 하며 따라왔다. 이렇게 우리 두 사람의 미국 여행기가 시작됐다.

수도 워싱턴 D.C.에 있는 갤로뎃 대학은 약 1세기 반에 이르는 역사를 지닌 농인을 위한 대학과 대학원이다. 미국 농인의 고등교육을 담당하는 한편 수화와 농인에 대한 연구에 많은 실적을 내놓고 있다. 1988년에는 학생의 수업 보이콧으로 수화를 할 줄 모르는 청인 학장이 해임되고 농인 학장이 선임되면서 농인의 권리 운동과 농인 문화의 전파 거점으로 전 세계에 알려졌다. 나는 이 대학 국제교육센터의 기획으로 사회학 연구실의 객원연구원이 되어 주로 아프리카의 농인과 수화에 관한 자료 수집을 하게 되었다.

갤로뎃 대학은 실은 고양이의 모교이기도 하다. 고양이는 1년간 이곳에 유학한 적이 있다. 그녀가 지닌 풍부한 농인 인맥이 처음 이곳을 방문하는 나에게는 매우 큰 힘이 되었다. 고양이가 아는 농인 집주인을 소개받아서 대학 바로 가까이에 있는 집 2층에 하숙을 구했다. 집주인은 매우 친절해서 레스토랑을 소개해주는 등 여러 가지 생활의 편의를 제공해줬다. 이 지역은 농인의 인구밀도가 워낙 높아 농인들의 교우 네트워크에 들어가 있어야 덜 불편할 것 같았다. 우리 생활이 그럭저럭 모양새를 갖춰 가면서 하숙과 대학을 오가는 나날이 시작됐다.

갤로뎃 대학 학내에는 영어를 쓸 일이 별로 없다. 농인과 청인이 모두 미국 수화로 얘기하기 때문이다. 사적인 수다만 수화로 하는 것이 아니다. 강의실, 사무실, 도서관, 기숙사, 카페테리아, 매점⋯⋯. 전화 이외의 대부분의 업무가 수화로 이루어진다. 학내 경비원도 청소 노동자도 스쿨버스 운전사도 대부분의 사람이 주고받는 대화는 거의 모두가 미국 수화다. 이렇게 구석구석까지 수화를 사용하는 사회를 나는 지금까지 본 적이 없었다. 이와 같은 사회가 실제로 넓은 캠퍼스와 건물을 점유하고 1세기 반 동안 역사를 이어왔고 게다가 거액의 연방 예산을 받는다. 그러한 대담함은 미국의 흥미로운 부분이라고 생각한다.

또한 이 대학에는 농인에게 맞춘 독특한 건축 문화가 있다. 예를 들어 도서관과 카페테리아 등의 건물에는 층 사이에 경계가 없이 트인 구조가 많다. 1층과 2층이 서로 바라볼 수 있게 되어 있다. 카페테리아의 1층에서 커피를 마실 때 2층의 친구를 발견하고 손을 흔들며 애기하기 시작하여 그대로 1층과 2층 사이에서 계속 수화로 수다를 떤다. 이것이야말로 시각적 언어에 적합한 건축 문화다. '갤로뎃은 농인의 나라'라는 말을 듣곤 하는데 이건 과장된 비유가 아니다. 농인이 언어적·문화적 주류인 공간이 현실에 존재한다.

갤로뎃 대학에서 생활하는 이상 나도 미국 수화로 애기하는 커뮤니티에 들어가게 됐는데 처음에는 꽤 괴로웠다. 나는 이전에 아프리카에서 카메룬의 수화(미국 수화와 뿌리가 같은 수화)를 배운 적이 있다. 어느 정도는 통하지 않을까 기대했었는데 완전히 빗나가버렸다. 역시 오래전에 갈려진 수화는 대서양 이쪽과 저쪽에서 완전히 다른 언어가 되어버린 모양이었다.

대학에 도착해 얼마 안 됐을 때 절차를 밟기 위해 학내 몇 군데 창구를 돌아야 했다. 미국 수화라는 익숙하지 않은 언어로 길고 성가신 절차를 밟는 건 정말 지치는 일이었다. '수화는 몸짓이니까 보면 어떻게든 알 수 있을 거야' 따위 오해가 지금껏 청인들 사이에 있는 것 같은데 그런 재주꾼이 있다면 나를 좀 도와줬으면 좋겠다. 결국 때때로 고양이로부터 지원사격을 받아야 했다. 고양이는 미국 수화에 관한 한 까마득한 선배라서 도움이 많이 되었다.

미국에서 내가 할 일은 아프리카의 농인과 수화에 관한 정보를 모으는 거였다. 실제 작업은 거의가 대학의 도서관을 오가는 일이었다. 아프리카 현지에서는 찾을 수 없던 자료가 도서관에 많이 보관되어 있어서 공부에 크게 도움이 되었다. 또한 학내에서 아프리카 출신 학생이나 교직원을 만나 여러 지역에 대해 배울 수 있었던 것도 좋았다.

나는 아프리카에서 온 유학생들과 수화도 통하고 죽이 잘 맞아서 종종 길게 이야기에 빠져들었다. 말도 서아프리카 사투리가 섞인 미국 수화를 사용했다. 어느 아프리카 농인과는 "○○ 농협회의 회장 알아?" "지부장은?" "농학교의 선생님은?" 등등 공통으로 아는 사람을 확인하기까지 할 정도였다. 아프리카에 간 적이 없는 고양이는 옆에서 입을 딱 벌렸다. 우리끼리 얘기라서 미안. 농인들의 네트워크는 바다 너머로도 퍼져나갔다.

내가 이 대학을 떠나는 마지막 날 국제교육센터와 사회학 연구실이 공동으로 강연회 자리를 마련해줘서 나는 서아프리카 농인들의 농교육 사업이 걸어온 역사를 이야기했다. 내 연구에 대해 누구보다도 열심히 듣고 발언을 해준 건 아프리카 출신 농학생과 교직원이었다. 아프리카 연구자로서 이만큼 영광스러운 일은 없었다. 귀중한 자료와 친구들을 만나는 행운을 누리며 2개월 연구 생활을 충실히 마쳤다.

일본으로 귀국한 후에 겪은 일. 몇 개월 만에 내가 다니던 대학에 돌아와 목격한 어떤 광경을 잊을 수가 없다. 카페테리아에 들러봤더니 시야에 들어오는 모든 사람이 입으로 얘기를 하고 있었다. 그 세계가 참으로 묘해 보였다.

입과 코를 쉴 새 없이 움직이고 숨을 쉬느라 소리가 단편적으로 끊기면서 수다 떨고 웃는 사람들의 무리. 입으로 뭔가를 먹으면서 그 입으로 의사 전달을 하는 신기한 동물들. 손은 있었지만 어느 손이나 애매하게 움직일 뿐 뜻이 있는 언어를 엮어내는 손은 하나도 보이지 않았다.

어째서 인류의 태반은 호흡기를 써서 얘기하는 길을 선택한 걸까. 의사 전달을 명료하게 할 수 있는 손을 왜 언어에 쓰지 않은 걸까. 왜 여기에는 수화로 얘기하는 사람이 한 명도 없을까.

"수화가 하나도 보이지 않는 공간이라니, 어딘가 이상해." 농인의 나라에서 2개월 동안 수화에 둘러싸여 농인들로부터 많은 걸 배운 인류학자 거북이는 그렇게 사물에 대한 시각의 지평이 넓어져 있었다.

미국 여행기(2)_유엔에 통역을 요구하다!

2003년 여름, 미국에 머물 때 방문한 뉴욕의 유엔 본부에서 일어난 일이다.

고양이와 함께 유엔 본부를 구경하러 갔다. 유엔 본부는 일반 견학자를 위해 한 시간쯤 걸리는 유료 관내 투어를 운영한다. 여기에는 관광객이 자유로이 참가할 수 있다.

가이드가 해설할 때 사용하는 언어는 뭔가. 영어가 가장 많지만 그밖에 열세 가지 언어로 투어가 준비되어 있어서 희망에 따라 선택할 수 있다. 스페인어, 중국어, 일본어 투어에 헤브라이어 투어도 준비돼 있다. 그러나 언어의 종류를 불문하고 수화 투어는 하나도 준비되어 있지 않았다.

미국에서는 미국 수화가 말 그대로 흔하디흔한 언어 가운데 하나로 인식되고 있다. 책방에서 본 실제 예. "각 언어의 교과서를 ABC 순으로 배열해놓았습니다"라는 안내 글이 있어서 찾아봤더니, 수화(Sign Language)는 세르비아어(Serbian)와 슬로바키아어(Slovak) 사이에 있었다.

그 정도로 철저하게 그저 언어인 것이다. 하지만 일본 서점에서는 수화 책은 대체로 복지나 자원봉사로 분류된 책꽂이에 꽂혀 있다. 프랑스 파리의 책방에서는 의학 코너에 있었다. 그러나 미국에서는 미국 수화가 다양한 외국어와 나란히 언어 가운데 하나라는 인식이 일반 사회의 상식으로 정착되어 있다.

또한 미국에서 미국 수화는 영어, 스페인어에 이어 제3의 화자 인구를 지닌 언어라고 지적한 글을 읽은 적도 있다. 인간의 언어로 다른 언어와 어깨를 나란히 하고 그에 걸맞는 대우를 받을 권리를 지닌, 존중받는 언어다.

유엔 투어에서 수화가 완전히 제외된 것을 보고 의도적으로 제외한 게 아닌가 하는 인상을 받았다. 우리는 당연히 부당한 취급이라고 느꼈다.

엄밀히 말해 유엔 본부 영역은 미합중국에 속해 있지 않으므로 어쩌면 치외법권이 성립되나? 등등 의문이 생겼지만 여기서 그런 건 아무래도 상관없었다. 인류의 평화와 인권 옹호를 위한 기관이 세계 몇 천만 명에 달하는 농인의 존재를 잊고 있다니. 우리는 행동으로 옮겼다.

고양이 "수화통역자를 수배해주실 수 없을까요?"

직원 "잠깐 기다리십시오……. 저, 수화를 할 수 있는 직원이 없습니다."

고양이 "달리 어떤 방법이 있습니까?"

직원 "카드로 영문 해설을 읽는 형태라면 준비할 수 있습니다."

이러한 대화는 고양이의 미국 수화와 직원의 영어로 진행되었다. 그 자리에서 양쪽을 아는 건 나뿐이었으므로 자동적으로 사이에 서서 통역을 하게 되었다. 갤로뎃 대학 구역에서라면 모든 사람이 수화를 할 줄 알기 때문에, 들린다는 이유만으로 내가 통역을 하는 일은 있을 수 없다. 이러한 상황은 오래간만이었다.

결국 수화통역자를 부르는 시스템이 없다는 것이 분명해졌고 투어 가이드가 영문 해설 카드를 보이면서 안내하는 형태로 투어를 진행하기로 했다. 수화가 묵살된 사실에 대해서는 여러 가지로 불만이 남았지만 우선은 타협했다.

그런데 막상 투어에 참가해보니 이 무슨 일인가.

"지금부터 여러분을 안내해드리겠습니다. 콜롬비아 출신 누구누구입니다……."(영어로)

안내는 쏼라쏼라 음성만으로 시작되었다. 어이, 약속하고 다르잖아. 나는 다시 반강제적으로 통역자가 될 수밖에 없었다. 그건 분명히 말해 굴욕이었다. 가이드가 먼저 내 수화를 알아챘다.

가이드 "어머, 농인이세요?"

우리 "그렇습니다. 해설 카드는 어디에 있나요? 준비해서 제시해주
      겠다던 약속은?"

가이드 "잠깐만 기다리세요……. 저, 나중에 준비한다는데요. 다음
      투어로 하시죠."

우리 "나중이라니 도대체 무슨 얘깁니까?"

가이드 "카드를 준비하겠습니다. 이 투어를 여기서 중지할 수는 없으
      니까 다음번에 참가해주세요."

우리 "다음에, 다음에, 라니 무슨 얘깁니까. 왜 지금은 안 되는 겁니
      까! 약속을 지켜주세요. 즉각 준비해주세요!"

가이드 "여러분, 죄송합니다. 시간을 이렇게 빼앗아서요."

다른 손님들 "괜찮아요. 뭐 별로."

다른 손님 "어이, 나중이라니 도대체 몇 분 정도인 거야?"

스무 명쯤 되는 투어 참가자들과 함께 한동안 분규. 우선 농인이 투
어에 있다는 사실을 알면서 준비를 하지 않은 유엔 측에 문제가 있다는
인식을 다른 참가자들과 공유했다.

준비가 부족했다는 사실을 담당자가 사죄. 다시 몇 분 지나서 우리
를 위한 투어를 다시 마련하겠다는 거였다. 그때는 수화는 없지만 해설
카드와 필담으로 안내를 하겠다고. 우리는 음성언어만으로 진행하는
투어에서 빠져나와 우리만을 위한 특설 투어로 옮겨 갔다.

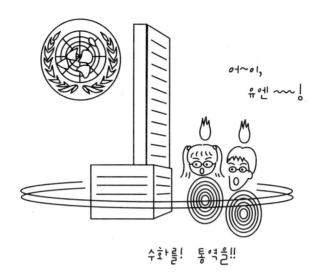

어~이,
유엔 ~~!

수화를! 통역을!!

　　중국 출신의 유엔 직원 한 명과 우리 두 사람. 셋만의 작은 투어가
시작됐다.

　　"이쪽은 안전보장 이사회의 회의장입니다."
　　"이쪽은 유엔 총회의 회의장. 191개 국의 의석이 있습니다."
　　"일본에서 기증받은 평화의 종입니다."

　　투어 가이드가 말하는 내용을 모두 영문으로 쓴 카드가 있었다. 그
것을 넘기며 적당히 필담으로 보충하면서 안내했다. 가이드가 사소한
것까지도 종이에 친절히 써준 덕분에 도움이 많이 됐다. 수화만으로 하
는 대화에 비하면 무척 불편하고 시간이 걸리는 소통 방식이었지만 음

성으로 술술 떠드는 것보다는 훨씬 나았다.

조금 놀란 것이 이 카드 세트를 넣은 봉투에 'Deaf(농인)'라고 씌어 있었다는 점. 아니 이거 유엔은 이걸로 농인 견학자를 위한 준비를 했다는 건가. 우리 감각으로 말하자면 Deaf를 위한 시스템이란 수화를 할 줄 아는 사람을 배치하는 것이다. 수화라는 언어로 그 자리에서 100퍼센트 정보가 전달되는 시스템이다. 이번 건은, 이를테면 중국 투어에서 '일본인 대책, 한자로 쓰인 팸플릿을 보이면 된다'라는 말을 들은 거나 같았다. 없는 것보다는 낫지만 결코 OK가 아니다. 준비를 하려면 먼저 올바른 이해를 한 다음에 방법을 생각했으면 한다.

이런저런 일들로 결국 시간이 엄청 걸리는 필담 커뮤니케이션을 하면서 한 바퀴 돌았다. 아마도 다른 투어 손님들보다 긴 시간을 들여가며 천천히 돌았을 것이다. 필담이란 그런 거다.

고양이는 성격이 성급하므로 뜻을 모르면 바로 나에게 물었다.

고양이 "저기 있지, '신탁통치'가 뭐야?"
거북이 "뭐, 식민지에 대한 거겠지."

결국 내가 조금씩 수화로 보충 설명을 했다. 대화 언어인 수화란 그런 거다. 필담과 수화는 근본적으로 다르다.

다행히도 우리를 안내한 가이드 직원의 응대가 성실했기 때문에 마지막으로 함께 기념촬영을 하고 감사 인사를 하며 헤어질 수 있었다. 그런 점에서는 그럭저럭 무난한 견학 투어를 한 셈이다.

하지만 이건 상당히 문제가 있는 시스템이다. 견학을 위해 일일이 요구하고 항의했지만, 결국은 내가 조금이나마 통역을 할 수밖에 없었다. 그래가지고는 즐거운 투어가 될 수 없다. 소요 시간을 줄이기 위해서라도 대화어인 수화를 투어 가이드 언어로 공식 도입해야 한다. 농인이나 농인과 동행한 나는 당연히 그렇게 느꼈다.

물론 어느 수화언어를 채용할까에 대해서는 다른 의견이 있을지도 모른다. "미국 수화만으로 좋은가"라는 비판도 나올지 모른다. "여러 언어를 도입하다보면 끝이 없다"는 식의 보수적인 의견도 있을지 모른다. 그러나 어쨌든 음성언어는 결국 채용되어 득을 보고 있지 않은가. 나는 그게 공정하지 않다고 생각한다. 만약 그렇지 않다고 주장하고 싶다면, 모두가 정말 대등할 수 있게 아무 언어도 사용하지 않는 투어로 하면 어떨까?

내가 일관되게 말하고 싶은 건 다음과 같다. 언어를 몇 개 늘어놓은 이상, 수화도 함께 하라는 거다. 다언어주의를 간판으로 내거는 곳에서는 무엇보다도 먼저 수화의 존재를 인식하고 그 언어를 존중해야 한다. 그렇지 않다면 다언어주의라는 간판을 빨리 내리는 편이 좋겠다.

그런 생각을 하면서 유엔 건물을 떠났다. 유엔 영역을 한 걸음 나섰더니 거기는 다시 미합중국이었다.

양파

농인에게 이 사회는 어떤 식으로 보일까. 아마도 '양파 같은 느낌'일 거라고 나는 생각한다.

사회가 어떻게 보이나 하는 테마는 당사자인 농인 입장에서는 너무 뻔해서 새삼 설명하려는 것 자체가 바보스럽게 여겨질 것이다. 그러나 대부분의 청인은 농인들에게만 보이는 독특한 사회가 있다는 걸 상상해본 적도 없이 자신과 같은 눈으로 사회를 볼 거라고 믿는다.

실제로 양측이 보는 세계는 서로 많이 다르기 때문에 청인이 농인 가까이에서 살게 됐을 때에는 그 차이가 충격으로 다가온다. 서로 다른 문화권으로 이사한 사람이 현지 가이드를 통해 그 문화권에 대해 알아가듯이 보통의 청인이었던 내가 조금씩 알게 된 농인이 보는 세계의 모습을 써보겠다.

농인이 사람들을 볼 때에는 자동적으로 '수화를 할 수 있는가 / 할 수 없는가'로 나누어 본다. 실제로는 두 부류 사이에 그레이 존이 있어서 사람들이 몇몇 층으로 나뉜다. 중심부에 '수화 화자들', 그 바깥쪽에

'수화가 어느 정도 가능한 사람들', 그리고 '수화를 조금 공부했을 뿐인 사람들', 가장 바깥쪽에 '수화를 못 하는 사람들'. 중심부에서 멀어질수록 차차 농인에게서 먼 존재가 되어간다. 농인에게만 보이는 이 층화된 사회 구조는 마치 양파의 안쪽에서 바깥쪽을 보는 듯한 느낌과 비슷해서 그렇게 비유해본 것이다.

물론 이걸 '농인의 문화'라며 존중하는 것으로 모든 게 끝나는 건 아니다. 예를 들어 일본은 대학 교수 대부분이 수화를 못 하는, 농인 입장에서 보면 먼 존재다. 그대로 내버려두면 농인이 일방적으로 손해를 보게 되므로 수화 통역 등의 방법으로 거리를 좁힐 필요가 있다. 그런 여러 가지 문제가 있다는 걸 염두에 됐으면 한다. 어찌됐건 농인들의 세계관은 자연스레 이와 같이 양파 상태를 이룬다.

이러한 농인들의 세계관은 우리 두 사람의 생활에도 크게 영향을 미친다. 우리가 함께 누구를 만나거나 교류를 갖거나 할 때 상대가 언어적으로 어느 층에 들어가는가에 따라 교류하는 방식이 달라지기 때문이다.

가장 중심에 있는 '수화 화자들', 즉 농인과 베테랑 수화 청인이 만날 적엔 수화만으로 대화를 할 수 있으므로 통역이 필요 없다. 다 같이 커피숍에 가서 오랫동안 얘기하거나 늦게까지 마시는 등 평범하게 만난다.

그 다음 '수화가 어느 정도 가능한 사람들'은 가령 수화 동아리 등에서 수화를 공부해 실제 대화가 가능할 만큼 수화를 익힌 사람들. 우리와 만날 때는 내가 잠깐 수화로 통역을 보조하는 일도 있다.

'수화를 조금 공부했을 뿐인 사람들'은 가령 자기소개만 수화로 할 수 있는 사람이나 인사만 수화로 하는 점원 등. 대화는 어렵지만 "오, 수화야" 하고 우리 사이에서 잠깐 화제가 될 정도로는 눈길을 끈다.

가장 바깥쪽은 '수화를 못하는 사람들'. 대부분의 청인이 여기에 속한다. 우리와 동석하면 나는 기본적으로 통역자 역할을 맡게 된다. 별것 아닌 잡담이라도 나에게는 동시통역의 연속이 되어 그 시간이 길어지면 점점 지친다. 그래서 이런 사람들을 만날 때는 우리 집이 아니라 커피숍 등에서 짧은 시간 만나는 형태를 선택하곤 한다.

이런 식으로 우리는 상대의 언어 상황을 보면서 교제 방식을 미묘하게 조정한다.

그런데 농인은 이 양파의 바깥쪽에 있는 사람들을 어떻게 생각할까. 농인이 수화를 할 줄 모르는 청인을 모두 피하는 건 아니다. 예를 들어 고양이는 수화를 모르는 청인과 한잔 마시러 가거나 취미에 대해서 필담으로 신나게 얘기하기도 하는 것 같다. 고양이의 견해는 "매너가 좋으면 수화를 못하는 청인이라도 그럭저럭 괜찮아"다.

한편 고양이가 딱 잘라 거절하는 유형의 청인도 적지 않다.

유형 1. 청인의 세계에 일방적으로 농인을 끌어들이려는 사람. 가령 농인에게 입으로 말하라고 요구하고 왜 그렇게 하지 않느냐며 농인에게 설교를 시작하는 사람. 그런 일이 계기가 되어 나는 청인 지인 몇 명과 인연이 끊겼다.

청인 입장만 생각하는 사교를 요구하는 사람도 위험 영역에 들어간다. "고양이 씨도 함께 술자리에 데려와요!"라고 초대해주는 건 고맙지만 그러기 위해서는 수화 통역을 준비해야 한다는 걸 생각하는지? 그 점을 설명했을 때 이해해주면 좋은 만남으로 이어지지만, "뭐, 어때(웃음)" 하고 가볍게 흘려버리면 신뢰 관계에 금이 쫙 간다.

유형 2. 농인의 습관이나 가치관을 우습게 보는 청인. 농인의 습관과 수화에 대해서 말을 꺼내고는 수화는 이상해 보이니까 그만두라고 하거나 신기하다는 듯이 빤히 구경을 한다.

유형 3. 농인의 존재 자체를 부정하는 사람도 있다. '농인'이라는 말을 들은 것만으로 얼굴을 찌푸리는 사람. 농인 이야기를 화제에 올리면 말없이 전화를 끊는 사람. '농인이 있으면 귀찮아' 하는 표정이 역력한 사람. 적어도 이 책을 쓰는 시점까지 내 부모님은 우리 결혼을 인정 안 했다. 농인을 보고 외면하는 사람이 내 아주 가까이에 있다는 건 안타까운 일이다.

이렇게 몇 가지 유형으로 나눠봤는데 이와 같이 '자각이 없는 사람들'은 농인의 세계관을 밖에서 부수려드는, 매우 조심해야 할 사람들이다. 물론 우리는 생활 속에서 그들과 교류는커녕 아예 관계를 맺지 않는다.

수화를 못하더라도 농인의 세계관을 존중하고 언어의 차이를 잘 파악하는 청인은 농인이 교제할 수 있는 범위 안에 있다고 본다. 그러나 상대의 입장을 파악하지 못한 채 양파의 질서를 파괴하려는 사람에게는 강렬한 불쾌감을 느끼게 된다. 청인이 지녀야만 할 매너의 출발점은 '수화를 못하는 한 자신은 농인이 봤을 때 언어적으로 매우 먼 존재'라는 사실을 자각하는 게 아닐까 싶다.

나는 이전에는 이와 같은 농인의 세계관을 잘 몰라서 망설이는 경우가 많았다. 가령 고양이와 어느 청인 사이에 불쾌한 사건이 일어났을 때, 실은 그것이 이 양파 사회구조의 질서를 혼란시키는 큰 문제 때문에 일어난 것인데도, 나는 도대체 왜 그래야 하는지 이해할 수가 없었다. 그러한 내 둔감함에 고양이는 늘 신경이 곤두섰다고 한다.

거듭되는 시련을 거쳐 최근에야 나도 겨우 알게 됐다. 나도 농인에게 폐가 되는 게 어떤 것인지 조금씩 직감할 수 있게 됐다. 아주 조금이지만 농인이 청인의 태도를 한순간에 간파하는 예민한 감각을 나누어 갖게 된 것도 같다.

나는 이 농인의 나라를 방문한 지 얼마 안 되는 신참이다. 이제 겨우 농인의 세계관을 알게 됐고 이 땅에 사는 사람들의 교제 습관을 배우기 시작했을 뿐이다.

청인이 해서는 안 되는 것

'청인이 해서는 안 되는 것'에 대해 생각해봤다. 여기서는 지극히 기본적인 사항에 대해서는 말하지 않겠다. '농인에게 목소리로 말을 걸지 않는다' '수화를 빤히 구경하지 않는다' 등 기본적인 매너에 대해서는 이 책의 다른 부분을 봐줬으면 한다. 여기서는 그러한 입문편을 졸업하고 어느 정도 농인의 언어와 문화에 깊이 들어온 청인이 부딪히게 되는 벽에 대해 써보겠다.

청인이 수화를 배우기 시작해 '자신들이 몰랐던 언어 문화의 세계'를 실감하게 되면 농인에 대해 여러 가지를 알게 되고 수화를 좀더 잘하게 되기를 바란다. '농인과 비슷한 말투'가 멋있다고 생각하거나 농인이 말하는 방식을 흉내 내고 싶어지기도 한다. 이건 영어나 프랑스어에서도 마찬가지로 더 잘하고 싶을 때 자연히 생기는 감정이고 수화 학습의 추진력이 되기도 하니 그런대로 괜찮은 게 아닐까 싶다. 그런데 실은 뭐든지 다 농인과 똑같이 하는 게 좋은 건 아니다. 나도 그 점을 아는 데에는 어느 정도 시간이 걸렸다.

편의점 '로손'을 [농(聾) / 손(損)(한자를 일본어로 읽으면 로손—옮긴이)]이라고 표현하는 농인이 있다. 나도 농인의 수화 표현을 흉내 내어 똑같이 표현했다.

> 거북이 "[농 / 손] 갈까? [농 / 손]."
> 고양이 "그 수화, 안 하는 게 좋아."
> 거북이 "왜? 농인은 다들 그렇게 말하잖아."
> 고양이 "당신, 농인 아니잖아. 청인이라는 입장은 버릴 수가 없는
>   거야."

생각해보면 [농 / 손]이라는 건 결코 중립적인 말이 아니다. "청인만 늘 득을 보니 치사해. 농(聾) 자는 손(損)해야……" 하듯이 농인들 사이에서 불평할 때 쓰이는 말이기도 하다. 같은 농인들끼리라면 그렇게 해서 평소 힘든 마음을 토로하며 언어 유희를 하는 것도 자연스럽다. 그러나 청인이 그런 말을 따라 하는 건 이상하다. 아무리 수화를 잘한다 하더라도 그들이 생활 속에서 겪는 애환을 공유하고 있지는 않으므로.

"농인은 문화만으로는 얘기할 수 없다." 내가 그렇게 생각하게 된 것은 요즘 들어서다. 농인의 언어인 수화를 배우고 습관과 가치관을 배우고 농인 입장에서 보아 위화감을 느끼지 않을 만큼 가까운 존재가 되고 싶었다. 그것이 농인을 이해할 수 있는 최선의 길이라고 믿었다. 그러나

그런 신념이 어떤 벽에 부딪혔다. 청인이 넘어서는 안 되는 선이라는 것이 실은 있는 것이다. 들리지 않는 것. 이 사실에서 비롯되는 현실감은 농인의 삶의 본질이라고 생각한다. 그 때문에 손실을 입고 화가 나는 경험을 수시로 하지만 포기할 수밖에 없는 현실도 종종 있다. 그런 부정적인 측면까지도 모두 포함해서 현실의 '농인의 삶'이 있는 거다.

들리지 않는 사람끼리만 얘기할 수 있는 내용도 당연히 있다. 그러한 장소와 관계, 말과 마음을 구둣발로 밟고 들어가지 않는 배려가 청인에게 필요하다. 농인의 현실에 근접한 청인에게 부여된 마지막 관문은 이 미묘한 배려를 하느냐 마느냐에 달린 것 아닐까?

그 경계선을 긋는 것은 매우 어려워서 나도 아직 체득하지 못했다. 이번같이 헛디뎌서 주의를 받는 일도 종종 있다. 아마도 삶의 여러 장면에서 그 구분을 더 잘해내기 위해 계속 미묘한 조정을 해나가야 하겠지. 농인에게 최선의 이웃이고 싶은 나의 탐구는 끝이 없이 언제까지나 계속될 것이다.

참고로 고양이는 내가 청인이라는 사실을 때때로 잊는 모양이다. 자주 [농 / 손][농 / 손]이라고 말한다. 자기가 주의를 줘놓고는.(웃음)

물론 고양이는 농인이니까 그래도 된다. 다만, 나는 거기에는 장단을 맞추지 않기로 했다.

고양이 "있지, [농 / 손]에서 아이스크림 안 살래?"

거북이 "OK, [로 / 손](지화) 들러서 집에 가자."

이런 식으로 산다.

후기

"책을 써볼까?" 그렇게 의기투합한 게 그럭저럭 2년쯤 전이다.

우리는 늘 농인과 청인이라는 두 세계의 접점에 마주 서 있다. 거기서 일어나는 일들은 우리에게는 당연한 생활의 한 장면에 지나지 않지만 주위 사람들에게 얘기해주면 의외로 신기하기도 하고 놀랍기도 한 모양이었다. 그렇다면 생활 속에 얼마든지 굴러다니는 얘기를 소재로 글을 쓰자. 그래서 농인과 청인이 진심으로 교류하려면 어떻게 해야 하는지 생각해보는 계기를 사회에 제공해보자, 그런 생각이었다.

알고 지내던 미네르바 쇼보(書房)의 데라우치 이치로 씨에게서 집필 제안을 받고 나서 우리는 내달리기 시작했다. 옛날에 '청각장애인을 위한 영검 문제를 생각하는 모임'을 시작했을 때와 마찬가지로, 의기투합하면 바로 내달리는 것이 우리 2인 3각의 습관이다. 사실 책 한 권을 완

성한다는 게 그리 간단한 일이 아니다 보니 출판에 이르기까지 수많은 우여곡절이 있었다.

이 책의 근원이 됐던 것은 고양이가 부정기적으로 써서 웹에 올린 메일 매거진 '농인의 풍경(Deaf Journal)'이다.[*] 거기에 가필한 것이 고양이가 쓴 에세이의 기본적인 골격이 되었다. 거북이는 새로 쓴 것이 중심이고 개인 사이트의 일기에 실린 것도 조금 가져다 썼다.[**]

처음에는 소사전 같은 체계로 목차를 생각했었는데 둘 다 제멋대로 쓰는 집필자라서 떠오르는 대로 쓰다 보니 계획이 자꾸만 엉뚱한 방향으로 뻗어 나갔다. 결과적으로 서로의 일상을 드러내는 배틀 토크 같은 책이 나왔다. 애초에 각자의 속마음을 맘 편히 읽게 하겠다는 것이 취지였으므로 오히려 이게 더 좋은 건지도 모르겠다.

독자 여러분에게는 이 책을 눈썹을 찌푸리고 심각하게 읽을 필요가 없다는 점을 말하고 싶다. 소파에라도 누워서 우리의 생활 방식을 웃으며 읽어주셨으면 한다.

2004년 12월

● 매그매그! 메일 매거진 '농인의 풍경' (http://osaka.cool.ne.jp/deafcat/)
●● '가메이 노부다카 연구실' (http://kamei.aacore.jp/)

대학에 대한 요구서

(참고 자료로 당시 제출한 그대로 게재)

대학 입학 당시부터 수강권 보장 체제가 확립되기까지 수차에 걸쳐 몇 가지 요구서를 대학에 제출했습니다. 여기에 게재하는 것은 그중에서도 초기의 것으로 청각장애를 지닌 학생의 요구가 무엇인지를 잘 말해준다고 봅니다. 제도가 없던 시절 통역을 위해 달려와줬던 사람들 한 사람 한 사람의 얼굴을 떠올리며 생각한 끝에 많은 요구서 중에서 이 하나를 골랐습니다. 앞으로 수강권 보장에 나서는 농인과 지원자들에게 조금이나마 도움이 되면 좋겠습니다.

2001년 7월 17일

도시샤 대학 관계자께

문학부 사회복지학 전공 아키야마 나미

청각장애를 지닌 학생에 대한 지원 체제에 대한 요구서

제목과 관련하여, 아래의 항목에 대해서 당사자로서 의견 및 요구를 아래와 같이 말씀드립니다.

1. '들리지 않는다'는 것은

우선 '들리지 않는다'는 것이 어떤 것인지 이해해주셨으면 합니다.

• 저는 음성을 귀로 알아들을 수 없습니다. 강의, 세미나, 강연회, 행사에서의 얘기만이 아니라 일상회화, 사무실에서 주고받는 말, 영화의 음성, 그 밖에 모든 음성 정보가 저에게는 전달되지 않습니다.

• 보청기를 끼어도 판별할 수 없는 음이 들어오기 때문에 정보 전달에 도움이 되지 않습니다.

• 발화자의 입술을 보고 읽어내는 소위 '독화' 방법은 일반적으로 상상하는 것보다 훨씬 고생스럽고 내용도 잘 전달되지 않는 불충분한 수단입니다.

• 음성언어를 발성하는 '구화'는 평상시 수화로 대화하는 사람에게는 매우 큰 고통을 동반하는 방법입니다. 익숙하지 않은 구화를 계속하면 체력적으로 지치고 정신적으로도 매우 부담이 됩니다. 또한 무리해서 이야기를 한 다음에는 '음성회화를 할 수 있다'고 오해를 받아 독화를 강요당하는 경우도 있습니다.

2. 농인의 정보 전달 방법

다음으로 농인의 전보 전달 방법에 대해 이해해주셨으면 합니다.

• 정보는 모두 눈으로 받아들입니다.

• 농인의 언어는 수화입니다. 귀가 들리는 일본인이 자연스레

일본어로 얘기하듯이 농인은 수화로 얘기합니다. 일본인이기 때문에 일본어 통역이 붙듯이 농인에게는 수화 통역이 필요합니다.

- 수화 통역의 필요성은 절실합니다.

들리는 사람은 외국어 학습을 하면서 외국어를 듣고 이해하는 노력을 할 수 있지만 농인은 음성언어 학습을 한다고 해도 들리게 되지 않습니다.

- 정보 전달의 방법으로서 수화 통역 이외에 손으로 써주는 요약 필기, 컴퓨터 통역이 있습니다.

손으로 써주는 요약 필기에는 두 종류가 있습니다.

① 노트와 종이에 속기하는 방법(노트 테이크).

② OHP 시트에 매직으로 써서 스크린에 비춰보이는 방법.

인원수가 많은 경우에는 후자가 사용됩니다.

컴퓨터에 의한 방법도 두 가지가 있습니다.

① 노트북 컴퓨터에 타이핑해 화면을 보는 방법

② 프로젝터에 접속해서 스크린에 비춰 보이는 방법

이것도 인원수가 많은 경우에는 후자를 사용합니다.

- 수화 통역은 농인에게 가장 바람직한 방법입니다.

농인의 대화 언어인 수화에 의해 정보를 모두 받아들일 수 있기 때문입니다. 단, 기술을 지닌 인재를 필요로 합니다.

- 요약 필기는 수화 통역만큼 기술을 필요로 하지는 않지만 그렇

다고 다 쉽게 요약 필기나 컴퓨터 통역을 할 수 있는 것은 아닙니다.

따라서 초심자에게는 의무적으로 일정 기간의 강습을 받게 했으면 합니다.

• 어느 쪽이든 시각적인 방법을 취하는 것이 필요합니다.

아무 지원도 없이 음성으로 하는 대화나 정보 전달을 따라가야 한다는 것은 농인에게 고통일 뿐입니다.

3. 지원 체제에 대하여

현행 지원 제도에 대한 소감과 함께 부탁드리고 싶은 것이 몇 가지 있습니다.

• 수화의 중요성을 알아주십시오.

수화는 저의 대화 언어입니다. "왜 수화가 필요한가?"라고 묻는 건 "왜 일본어가 필요한가?"라고 묻는 것과 같습니다. 수화는 농인이 당연하게 쓰는 언어입니다. 되도록 수화에 의한 정보 전달이 가능하도록 노력해주십시오.

• 학외에서 제공하는 지원을 활용해주십시오.

수화 통역의 기술을 지닌 사람이 학교 내에 거의 없습니다. 학외에서 제공하는 지원을 활용할 필요가 있습니다.

• 지원 활동에 대한 유급화를 검토해주십시오.

대학으로서 책임을 가지고 통역과 필기 활동 등의 지원 활동을 통상의 업무로 인정, 유급화하는 방향을 검토해주십시오.

• 본인이 어떠한 지원을 바라는가를 선택할 수 있게 해주십시오.

대학 당국이 친구나 선의에 의한 지원만 고려하면 안 될 것입니다. 친구로부터 지원받는 것도 가능한 선택지이지만 그것은 대학으로서 제대로 된 지원 환경을 갖춘 다음의 일입니다.

• 목적은 본인의 면학에 있다는 것을 이해해주십시오.

첫 번째 목적은 학내에서 수업과 기타 정보 전달을 제대로 받아서 면학 기회를 확보하는 것입니다. 결과적으로 학생들이 서로 배우는 것에 대해서는 이론이 없지만 그것이 최우선 목적이 아니라는 점을 이해해주십시오.

사회복지학 전공 학생으로서 제가 재학하는 동안 충분한 정보 보장 아래 충실한 면학이 가능할지는 선생님들 및 관계자 여러분의 힘에 달려 있습니다.

부디 사정을 이해하시고 전공 회의, 위원회 등의 회의에서, 또 강의, 세미나, 실습, 기타 학내의 다양한 교육 현장에서 적절한 이해에 기초한 지원을 보내주실 것을 바라마지 않습니다.

옮긴이의 말

— 문화적 상대주의

《수화로 말해요》는 나에겐 좀 특별한 책이었다. 가까이에서 농인의 삶을 접해본 적이 한 번도 없었기에 농인과 청인이 부부가 되어 살면서 만들어가는 일상의 에피소드 하나하나가 너무나 새로웠다. 때로는 깔깔 웃고 때로는 콧날을 시큰거리면서, 수화는 한 번도 해본 적이 없지만 괜히 손이 근질근질해질 정도로 몰입해서 읽었다. 그런데 문제가 하나 있었다.

스스로 노인과 여성, 장애인 등 사회적 약자라 불리는 사람들에 대해 나름대로 균형 잡힌 사고를 하는 사람이라고 자처해온 나인데도, 저자 중에서 특히 농인 저자인 고양이로부터, 때로 농인의 입장을 너무 과도하게 내세우는 게 아닌가, 또는 너무 튀는 게 아닌가 하는 느낌을 받았던 것이다.

예를 들면, '소리' 때문에 일어난 이들의 첫 부부싸움이 그랬다. 이사 첫날 짐 정리를 하는 중에 거북이(청인 남편)가 고양이(농인 아내)에게 소리가 너무 시끄럽게 난다고 주의를 줬고 이 때문에 둘은 다투게 된다. 두 사람의 말을 들어보자.

거북이 "이 세상에는 이웃에서 나는 소리에 신경 쓰는 사람이 꽤 많아. 상대가 그것 때문에 화를 내거나 하면 어떻게 할 거야. 주의를 하는 게 좋잖아."

고양이 "난 보통으로 살고 있을 뿐이야. 그런데 왜 불평을 들어야 하는 거야?"

거북이 "그 사람한테는 시끄러우니까 그렇지."

고양이 "농인은 조금 시끄러운 소리를 내도 할 수 없어. 아이들이 소리를 내면 '시끄럽지만 어쩔 수 없지' 하고 그냥 지나쳐주면서 농인한테는 어째서 안 된다는 거야? 뭐야, 그 차이가?"

거북이 "어른이라면 스스로 주의를 하는 게 당연하다고들 생각하니까 그렇겠지."

이 부분에서 내 첫 반응은 거북이의 말이 백 번 옳다는 거였다. 상대방이 시끄러운 소리 때문에 피해를 입을 게 뻔한데, 안 들린다는 이유로 난 몰라! 라니, 이건 좀 심하다 싶었다. 게다가 어른인 고양이가 아이들을 들먹이면서 차이가 뭐냐고 하는 것도 나에게는 억지로 느껴졌다.

나는 남편에게, 책이 전반적으로 재미있어서 농인과 수화에 대해 쉽게 접근할 수 있게 해주는데, 이런 내용 때문에 독자들이 나처럼 거부감을 갖지나 않을지 몰라, 하는 식으로 얘기했다. 그러자 거북이처럼 인류학을 전공한 내 남편은 자문화중심주의와 문화적 상대주의 얘기를 한다. 다른 문화에 속한 사람들이 자신과는 다른 신념이나 관습 등을 보일때, 자기 문화를 절대적이고 당연한 잣대로 삼아 상대방을 비난하거나깔보거나 경원시하는 것을 자문화 중심주의라고 한다. 반면 문화적 상대주의는 상대의 문화에 이해가 안 되는 면이 있다고 해도, 그것을 경원시하는 것이 아니라 상대의 입장에서는 오히려 내 쪽의 문화가 불편하고 이해되지 않을 수도 있다고 생각할 줄 아는 태도다. 이것은 단지 신념이나 관습 같은 내면적인 차이만이 아니라 피부색 같은 신체적 차이에 대해서도 마찬가지다.

제국주의시대 이래 유럽이나 미국의 식민주의, 인종주의 따위의 저변에 깔려 있던 서구문화중심주의, 백인우월주의 따위가 바로 자문화중심주의의 대표적인 예라고. 옴마야.

아니, 내가 식민주의의 이념에 물들어 있다고? 무슨 소리야? 나도인도 사람이 음식을 손으로 집어먹는 것을 보고 미개하다며 손가락질하지는 않는다고……. 복잡하게 얘기할 거 없이 그냥 상식적으로 생각해봐. 여기서 거북이의 지적은 백 번 타당한 거 아냐? 고양이는 과도한 거라구, 하며 버티다가…… 하긴, 지나치게 큰 소음을 내지 않는다는 것은 항상 소리가 들리는 청인에게는 아주 손쉬운 일이겠지만 농인에게는 매우 어려운 일이겠구나. 농인끼리만 사는 사회에서라면 아무 문제도 되지 않을 텐데 청인이 지배적인 사회에서 살기 때문에 청인에 비해 훨씬 더 큰 불편함을 감수해야 하는 거구나……. 나는 청인의 입장에서 너무나 쉽게 고양이의 말을 판단했구나…….

《수화를 말해요》를 번역하기 위해 두 번, 세 번, 반복해서 책을 읽고 남편과도 계속 대화하면서, 내 생각은 점점 이렇게 바뀌어갔다. 나는 철저히 청인의 입장에서 《수화로 말해요》를 읽었고, 그야말로 이문화(異文化)를 접하고 충격을 받았으며, 결국 내 알량한 '균형 잡힌 사고'가 얼마나 문제투성이인가를 깨달았다.

지금 나는 나하고 다른 이들을 진정으로 이해하고 배려한다는 것이 무엇인지를 조금은 알 것 같은 상태에 와 있다. 이것은 비단 농인과 청인 사이에서만이 아니라 더 나아가 이른바 '장애인'과 '비장애인'이 더불어 살아간다고 할 때 서로가 가져야 할, 하지만 특히 유리한 입장에 있는 사람이 더 주의해야 할 중요한 포인트라고 생각한다. 나는 많은 청인 독자들이 이 책을 읽고 나와 같은 경험을 하기를 바란다. 그들도 나와 같은 깨달음을 얻기를……!

《수화로 말해요》는 나에게 귀중한 학습을 하게 해준 책이다. 저자인 거북이와 고양이에게 고마운 마음을 전하고 싶다. 아울러 책의 번역을 맡겨주신 편집부 김종진 씨께 감사드린다.

2009년 8월 서혜영